BIBLIOGRAPHISCHER DIENST
STAAT UND RECHT

Herausgeber:
DEUTSCHES INSTITUT FÜR RECHTSWISSENSCHAFT
Potsdam-Babelsberg

Jahrgang 2/1956 — Heft 1
Januar/Februar

AKADEMIE-VERLAG · GMBH · BERLIN

Bezug des Bibliographischen Dienstes
Erscheinungsweise: zweimonatlich
Preis pro Heft 3,70 DM

Bestellungen sind zu richten an eine Buchhandlung oder an die Post.

Auslieferungen:

Für das Gebiet der Deutschen Demokratischen Republik: LKG — Leipziger Kommissions- und Großbuchhandel, Leipzig C 1, Leninstraße 16

Für das Gebiet der Bundesrepublik Deutschland: KUNST UND WISSEN — Inh. Erich Bieber, Stuttgart N, Hospitalstraße 33 a.

Für das gesamte Ausland: Deutsche Buch-Export und -Import GmbH., Leipzig C 1, Postschließfach 276 oder Akademie-Verlag GmbH., Berlin W 8, Mohrenstraße 39.

Anschrift der Redaktion:
Deutsches Institut für Rechtswissenschaft, Abt. Bibliothek,
Potsdam-Babelsberg II, Karl-Marx-Straße 2

Bearbeiter: Dr. Renate Bellmann und Helmut Luft
Transkription: Bibliothekarisch und phonetisch

Inhaltsverzeichnis:

A. BIBLIOGRAPHIE AUS ZEITSCHRIFTEN DER DEUTSCHEN DEMOKRATISCHEN REPUBLIK, DER SOWJETUNION UND DEN LÄNDERN DER VOLKSDEMOKRATIE

Diese Bibliographie enthält eine Auswahl einschlägiger Artikel aus folgenden Zeitschriften: 1)

a) Deutschsprachige Zeitschriften

Ahdl.	= Der Aussenhandel, Berlin	1955,H.16-19
Altertum	= Das Altertum, Berlin	1955,H.3
Arb.	= Die Arbeit, Berlin	1955,H.8-1o
Aufb.	= Aufbau (Kulturpolitische Monatsschrift), Berlin	1955,H.8-9
A.u.S.	= Arbeit und Sozialfürsorge,Berlin	1955,H.17-2o
Ber.Dt.Wirtsch.Inst.	= Berichte des Deutschen Wirtschafts-instituts,Berlin	1955,H.13-14
ddz	= Dokumentation der Zeit, Berlin	1955,H.1o1-1o4
Dem.Aufb.	= Demokratischer Aufbau,Berlin	1955,H.14-15
DVW	= Deutsche Finanzwirtschaft,Berlin	1955,H.16-19
Dt.Ldwi.	= Die deutsche Landwirtschaft,Berlin	1955,H.9-1o
Dt.Zs.Philos.	= Deutsche Zeitschrift für Philosophie, Berlin	1955,H.3-4
Einh.	= Einheit, Berlin	1955,H.8-1o
Forum,Wiss.Beil.	= Wissenschaftliche Beilage des Forum, Berlin	1955,H.19-21
Gew.Akt.	= Das Gewerkschaftsaktiv, Berlin	1955,H.17-2o
Grds.Fr.KG	= Grundsätzliche Fragen der Konsum-genossenschaften, Berlin	1955,H.8-9 u. Sonderh.
Hdl.	= Der Handel, Berlin	1955,H.16-2o
Hswesen	= Das Hochschulwesen, Berlin	1955,H.7-8
Mtbl.VDJD	= Mitteilungsblatt der Vereinigung demokratischer Juristen Deutschlands, Berlin	1955,H.4
Nat.	= Die Nation,Zeitschrift für Theorie und Praxis Nationaler Politik, Berlin	1955,H.8-9
NJ	= Neue Justiz, Berlin	1955,H.18-21
N.Weg	= Neuer Weg, Berlin	1955,H.14-17
N.Zeit	= Neue Zeit, Moskau	1955,H.34-42

1) Die hier aufgeführten Hefte sind gemäß der Benutzungsordnung der Bibliothek des Deutschen Instituts für Rechtswissenschaft bedingt ausleihfähig.

b) Fremdsprachige Zeitschriften

Sov.gos.pravo = Sovetskoe gosudarstvo i pravo (Sowjetstaat und Sowjetrecht) Moskau 1955,H.5

Sov.věda = Sovetská věda (Sowjetwissenschaft Staat und Recht), Prag 1955,H.4-5

Soudce z lidu, (Der Volksrichter),Prag ...1955,H.1-6

Vopr.ekon. = Voprosy ekonomiki (Fragen der Ökonomie), Moskau 1955,H.7-8

Vopr.fil. = Voprosy filosofii (Fragen der Philosophie) Moskau 1955,H.4

Vopr.ist. = Voprosy istorii (Fragen der Geschichte), Moskau 1955,H.8-9

Zahr.Obch. = Zahraniční obchod (Der Aussenhandel),Prag.1955,H.7-8

1.Marxismus-Leninismus [1)]

Diehl,E.: Friedrich Engels - Führer der internationalen Arbeiterbewegung.(Einh.,1955,H.8, S.789-798)

Friedrich Engels - Kampfgenosse von Karl Marx und Mitbegründer des wissenschaftlichen Sozialismus.(Einh.,1955,H.8, S.746-755)

Gemkow,H.;G.Winkler: Friedrich Engels - ein großer deutscher Patriot.(Einh.,1955,H8, S.810-818)

Knittel,F.: Die Rolle Friedrich Engels'nach dem Tode Karl Marx' in der deutschen Arbeiterbewegung.(Einh.,1955,H.8, S.799-809)

Dem 20.Parteitag der Kommunistischen Partei der Sowjetunion entgegen.(Kommunist,1955,H.13, S.3-12)

Löwenthal,H.: K.Bittel,Der Kommunistenprozeß zu Köln 1852 im Spiegel der zeitgenössischen Presse. Berlin 1955.325 S.(Rez.) (NJ,1955,H.21, S.674 u) 3

Ein neuentdeckter Artikel von Karl Marx- aus dem Jahre 1849. (Einh.,1955,H.8, S.756-759)

Mende,G.: W.I.Lenins Beziehungen zum wissenschaftlichen Philosophieren.(WZ Jena,1954/55,H.5/6, S.531-534)

Scheler,H.:Friedrich Engels als Propagandist der atheistischen Weltanschauung.(Einh.,1955,H.8, S.776-788)

Urbanski,R.:Friedrich Engels als Theoretiker des historischen Materialismus.(Einh.,1955,H.8, S.765-775)

Zirke,G.:Friedrich Engels - der erste Militärtheoretiker der Arbeiterklasse.(Einh.,1955,H.8, S.819-826)

Žuravkov,M.G.(Shurawkow,M.G.):Ein neues Werk über die marxistische Ethik.A.Schischkin, Die Grundlage der kommunistischen Moral.Moskau 1955.(Rez.)(Vopr.fil.,1955,H.4, S.198-202)

2.Theorie des Staates und des Rechts

Aleksandrov,N.G.(Alexandrow,N.G.): Die Gesetzlichkeit und die Rechtsordnung in der sozialistischen Gesellschaft.(Sov.gos. pravo,1955,H.5, S.3-16)

Baskin,M.P.:Über die Kommunistische Moral,(Molodoi Kommunist, 1955,Nr 6;deutsch:Forum.Wiss.Beil.,1955,H.21, S.8-16)

Baumgarten,A.:Über die Geschichte der dialektischen Erkenntnistheorie.(WZ DA,1954/55,H.5, S.217-237)

1) Die nach der Fundstelle eines Artikels angegebenen Zahlen verweisen auf die Bedeutung dieses Artikels auch für andere Fachgebiete entsprechend der hier zugrundegelegten Systematik.

Büttner,H.: Einige Gedanken über die Verstärkung der ideologisch-politischen Aufklärungs- und Erziehungsarbeit auf dem Gebiete der Rechtswissenschaft.(St R,1955,H.5, S.715-730) 6

Bystřina,I.: Zehn Jahre volksdemokratische Tschechoslowakei und die Aufgaben unserer Rechtswissenschaft.(Pr.,1955,H.8, S.449-455)

Dallmann,S.:Was für ein Deutschland erstrebt der deutsche Mittelstand ?(Nat.,1955,H.9, S.585-590)

Friedrich,O.:W.Schönfeld,Grundlegung der Rechtswissenschaft. Stuttgart,Köln 1951.(Rez.)(ZRG.Kan.Abt.,1955,Bd.72, S.422-427)

Hähling,K.: Pazifismus und Verteidigungsbereitschaft.(Nat.,1955, H.9, S.617-622)

Zur Konzentration des Kapitals in Westdeutschland.(Ber.Dt.Wirtsch. Inst.,1955,H.13, S.3-28)

Liver,P.:B.Rehfeldt, Die Wurzeln des Rechtes.Berlin 1951.(Rez.) (ZRG.Germ.Abt.,1955,Bd.72, S.271-274)

Mende,G.:Unsere Befreiung zur Demokratie.(WZ Jena,1954/55,H.5/6, S.395-398)

Narskij,I.:Die Philosophie des Neopositivismus und die Wissenschaft.(Kommunist,1955,H.13, S.70-85)

Ponomarev,B.(Ponomarjew,B.):Der Kampf der Arbeiterklasse der kapitalistischen Länder in der Nachkriegsperiode.(Vopr.ekon.,1955, H.7, S.88-108)

Sagatelian,M.:Joseph McCarthy im Wandel der Zeiten.(USA-Presse-Schau)(N.Zeit,1955,H.42, S.14-16)

Schmidt,J.L.: Zur Theoretischen Konferenz über Westdeutschland. (Wirtsch.Wiss.,1955,H.4, S.500-509)

Spangenberg,M.: Die Haltung der rechten Sozialdemokraten zum deutschen Militarismus ist unvereinbar mit den Interessen der Arbeiterklasse.(Einh.,1955,H.9, S.901-910)

Über die Arbeit der Generalkommission in Fragen des Staates und des Rechts der Akademie der Wissenschaften der Ungarischen Volksrepublik. (J.K.,1955,H.8, S.519-520)

Streit,J.: Die Rolle des Rechts und der Moral bei der Schaffung der Grundlagen des Sozialismus.(NJ,1955,H.21, S.645-650)

Tumanov,V.A.(Tumanow,W.A.): Über einige psychologische Theorien in der neuesten bürgerlichen Rechtswissenschaft.(Sov.gos.pravo, 1955,H.5, S.104-112)

Weidlich,H.: Gegen Rechtsformalismus und Rechtsnihilismus. (VPol.,1955,H.16, S.17)

Winzer,O.: Der Kampf der Arbeiterklasse Westdeutschlands gegen die Remilitarisierung.(Mezd.žizn,1955,H.7, S.26-38)

3.Geschichte des Staates und des Rechts

Aubin,H.: Rechtsgeschichtliche Betrachtungen zum Nordseeraum. (ZRG.Germ.Abt.,1955,Bd.72, S.1-33)

Bader,K.S.: F.Schaffstein, Die europäische Strafrechtswissenschaft im Zeitalter des Humanismus.Göttingen 1954.(Rez.). (ZRG.Germ.Abt.,1955,Bd.72, S.368)

Barion,H.: Kempf,F., Papsttum und Kaisertum bei Innozenz III. Die geistigen und rechtlichen Grundlagen seiner Thronstreitpolitik.Rom 1954,(Rez.)(ZRG.Kan.Abt.,1955,Bd.72, S.466-469)

Beršadskaja,O.I.(Berschadskaja,O.I.): Aus der Geschichte der revolutionären Kameradschaft des russischen und deutschen Proletariats (Königsberger Prozeß von 19o4).(Vopr.ist.,1955,H.9, S.85-95)

Brjunin,W.G.:Die Diskussion über den politischen Massenstreik in der deutschen Sozialdemokratie am Vorabend des ersten Weltkrieges. (Učenie zapiski LGU,R.Geschichtswiss.195o,Nr 127;deutsch: Sov. Wiss.(GA),1955,H.5, S.665-691)

Buchda,G.:Archäologisches zum Sachsenspiegel.(ZRG.Germ.Abt.,1955, Bd.72, S.2o5-215)

Buchda,G.:Monumenta Germaniae Historica Legum Sectio I.Leges Nationum Germanicarum,Bd 3,T.2. Lex Ribvaria,Hrsg.v.F.Beyerle u.R. Buchner.Hannover 1954.(Rez.)(ZRG.Germ.Abt.,1955,Bd.72, S.279-287)

Diehl,E.;R.Dlubek: Die Historiker der Deutschen Demokratischen Republik vor neuen großen Aufgaben.(Einh.,1955,H.9, S.882-892)

Döhring,E.:E.Kern, Geschichte des Gerichtsverfassungsrechts. München,Berlin 1954.(Rez.).(ZRG.Germ.Abt.,1955,Bd.72, S.372-375)

Ebel,W.:G.Korlén, Norddeutsche Stadtrechte II.Das Mittelniederdeutsche Stadtrecht von Lübeck nach seinen ältesten Formen. Kopenhagen 1951.(Rez.)(ZRG.Germ.Abt.,1955,Bd.72, S.312-318)

Ehrhardt,A.: Constantin d.Gr.Religionspolitik und Gesetzgebung. (ZRG.Rom.Abt.,1955,Bd.72, S.127-19o)

Enßlin,W.: R.Honig, Beiträge zur Entwicklung des Kirchenrechts. Göttingen 1954.(Rez.)(ZRG.Kan.Abt.,1955,Bd.72, S.438-442)

Ersil,W.: Die Drahtzieher der volksfeindlichen Verschwörung vom 2o.Juli 1944 und ihre "Europa"-Pläne.(WZ DA,1954/55,H.5, S.238-253)

Feine,H.E.: Santifaller,L., Zur Geschichte des ottonisch-salischen Reichskirchensystems.Wien 1954.(Rez.)(ZRG.Kan.Abt.,1955,Bd.72, S.456-457)

Gentzen,F.-H.:Eine historische Betrachtung zur Oder-Neiße-Friedensgrenze.(Einh.,1955,H.9, S.893-9oo)

Gernhuber,J.: Bericht über den zehnten Deutschen Rechtshistorikertag v.31.Aug.bis 3.Sept.1954 in Hamburg.(ZRG.Germ.Abt.,1955, Bd.72, S.465-458)

Gorodeckij,E.N.(Gorodjezkij,E.N.): Der Kampf der Volksmassen für die Schaffung der sowjetischen Staatsorgane(1917-1918).(Vopr.ist., 1955,H.8, S.26-39)

Hoetink,H.R.: Über anachronistische Begriffsbildung in der Rechtsgeschichte.(ZRG.Rom.Abt.,1955,Bd.72, S.39-53)

Kjöllerström,S.:Kirche und Staat in Schweden nach der Reformation. (ZRG.Kan.Abt.,1955,Bd.72, S.271-289)

Kornejcik,E.I.(Kornjejtschik,E.I.): Die ökonomischen Voraussetzungen für die Bildung der belorussischen bürgerlichen Nationen. (Vopr.ist.,1955,H.8, S.94-1o4)

Kunkel,W.:Bericht über neuere Arbeiten zur römischen Verfassungsgeschichte.(ZRG.Rom.Abt.,1955,Bd.72, S.288-325)

Lange,H.:Die Verarbeitung klassischer und nachklassischer Lehren in der mittelalterlichen Rechtswissenschaft.(ZRG.Rom.Abt.,1955, Bd.72, S.211-244)

Laptin,P.F.:Das Gemeindeproblem in den Werken von M.N.Kowalewski. (Vopr.ist.,1955,H.9, S.11o-12o)

Largiadèr,A.:Ein später Fall von strafrechtlicher Wüstung.(ZRG. Germ.Abt.,1955,Bd.72, S.244-253)

Leščenko,N.N.:(Leschtschenko,N.N.):I.Guržij(I.Gurshij)Der Zerfall des Feudalsystems in der Landwirtschaft der Ukraine in der ersten Hälfte des 19.Jahrhunderts.Kiew 1954.(Rez.)(Vopr.ist.,1955, H.9, S.136-138)

Merzbacher,F.:Würzburger Polizeisätze.Gebote und Ordnungen des Mittelalters 1125-1495.Hrsg.v.H.Hoffmann.Würzburg 1955.(Rez.) (ZRG.Germ.Abt.,1955,Bd.72, S.344-348)

Metz,W.:Zur Geschichte der Bargilden.(ZRG.Germ.Abt.,1955,Bd.72, S.185-193)

Ozolin,A.I.(Osolin,A.I.):Über die internationale Bedeutung des Böhmischen Bauernkrieges im 15.Jahrhundert.(Vopr.ist.,1955, H.8, S.57-71)

Pekarczyk,S.:(Pekartschik,S.):Zur Frage der Entstehung und Entwicklung der polnischen Völkerschaft.(Vopr.ist.,1955,H.8,S.83-94)

Puls,H.-H.:Die Hussitenbewegung,eine fortschrittliche Tradition des tschechoslowakischen Volkes.(Nat.,1955,H.9,S.637-644)

Razgon,A.M.(Rasgon,A.M.):Zur Geschichte der Differenzierung der Bauernschaft in der zweiten Hälfte des 18.Jahrhunderts.(Vopr. ist.,1955,H.9, S.63-75)

Reincke,H.:Das hamburgische Ordeelbook von 127o und sein Verfasser.(ZRG.Germ.Abt.,1955,Bd.72,S.83-11o)

Ryndzjunskij,P.G.(Rindsjunsskij,P.G.):Die Bauernschaft und die Stadt in Rußland vor der Reform im Jahre 1861.(Vopr.ist.,1955, H.9, S.26-4o)

Schaffstein,F.: Friedrich Carl v.Savigny und Wilhelm v.Humboldt. (ZRG.Germ.Abt.,1955,Bd 72, S.154-176)

Schmelzeisen,G.K.: Die Arbeitsordnung in den jüngeren Berggesetzen. (ZRG.Germ.Abt.,1955,Bd.72, S.111-153)

Schmelzeisen,G.K.: E.Wolf,Große Rechtsdenker der deutschen Geistesgeschichte. Tübingen 1951.(Rez.)(ZRG.Germ.Abt.,1955,Bd.72, S.254-256)

Schnur,R.:Marcel David,La Souveraineté et les limites juridiques du pouvoir monarchique du IXe au XVe siècle.Annales de la Faculté de Droit et des Sciences politiques de Strasbourg, T.1.Paris 1954. (Rez.)(ZRG.Germ.Abt.,1955,Bd.72, S.359-362)

Über die Periodisierung der Geschichte der Sowjetgesellschaft. (Vopr.ist.,1955,H.9, S.55-62)

Stepanova,E.A.;E.P.Kandel'.(Stepanowa,E.A.;E.P.Kandel): Aus der Geschichte des ideologischen Kampfes in der deutschen demokratischen Bewegung der 40er Jahre des 19.Jahrhunderts.(Vopr.ist.,1955, H.8, S.40-56)

Stoklickaja-Tereškovič,V.V.(Stoklizkaja-Tereschkowitsch,W.W.): Das Tyranneiproblem in den mittelalterlichen Städten Italiens. (Vopr.ist.,1955,H.9, S.41-54)

Thieme,H.:R.Lieberwirth,Christian Thomasius. Sein wissenschaftliches Lebenswerk.1955.(Rez.)(ZRG.Germ.Abt.,1955,Bd.72,S.388-389)

Thieme,H.:G.Schubart-Fikentscher, Unbekannter Thomasius.Weimar 1954. (Rez.)(ZRG.Germ.Abt.,1955,Bd.72, S.388-389)

Vassar,A.K.;G.F.Lukin;I.M.Saat;E.A.Jansen (Wassar,A.K.;G.F.Lukin, I.M.Saat,E.A.Jansen): Die Geschichte der Lettischen SSR.Riga 1954. (Rez.)(Vopr.ist.,1955,H.9, S.132-135)

Wesenberg,G.: Die Paulskirche und die Kodifikationsfrage.(ZRG.Rom. Abt.,1955,Bd.72, S.359-365)

Wieacker,F.: Friedrich Carl von Savigny.(ZRG.Rom.Abt.,1955, Bd.72, S.1-38)

Wieacker,F.: Savigny und die Gebrüder Grimm.(ZRG.Germ.Abt.,1955, Bd.72, S.232-244)

4.Geschichte der politischen Anschauungen

Belik,A.P. (Bjelik,A.P.): Das ästhetische Programm der russischen revolutionären Demokratie.(Vopr.fil.,1955,H.4, S.81-95)

Klenner,H.: Die politischen Anschauungen von Montesquieu(1689-1755). (StR,1955,H.5, S.731-762)

Muszkat,M.:Montesquieu.(N.P.,1955,H.7/8, S.111-113)

Über einige Fragen der Geschichte der sozialistischen Ideen in Rußland vom Ende des 18.bis zur Mitte des 19.Jahrhunderts. (Vopr.ist.,1955,H.9, S.3-12)

5.Völkerrecht und Außenpolitik

Alexeev,A.(Alexejew,A.): Der Vorschlag der UdSSR über die Abrüstung- ein Beitrag für die Sache der Festigung des Friedens. (Mezd.žizn,1955,H.7, S.15-25)

Balicki,J.: Ausgesuchte Rechtsprobleme der 9.Tagung der UN-Vollversammlung. (P.i P.,1955,H.9, S.411-423)

Brandweiner,H.: Der Anschluß Österreichs - ein Ausdruck der Aggressionspolitik des deutschen Imperialismus zur Vorbereitung des zweiten Weltkrieges.(St R,1955,H.5, S.857-867)

Cyprian,T.: Das System der kollektiven Sicherheit und das Verbot der Massenvernichtungswaffen.(P.i P.,1955,H.9, S.347-364)

Beschluß der Sowjetregierung über die Auflösung der Hohen Kommission der UdSSR in Deutschland und über die Außerkraftsetzung der Gesetze des Kontrollrats für das Gebiet der DDR.(ddz,1955,H.1o4, Sp.8117-8128)

Durdenevskij,V.N.;A.N.Ševčenko,(Durdjenjewskij,W.N.;A.N.Schjewtschjenko): Die Anwendung der Atomwaffen ist mit den Normen des Völkerrechts unvereinbar.(Sov.gos.pravo,1955,H.5, S.38-44)

Evgenev,V.V.(Jewgenjew,W.W.): Rechtssubjektivität,Souveränität und Nichteinmischung im Völkerrecht.(Sov.gos.pravo,1955,H.2, S.75-84;deutsch: RID,1955,H.2o,Sp. 567-577)

Frei,B.: Wie frei ist Österreich ?(Weltb.,1955,H.39, S.1225-1228)

Frenzel,R.: Zehn Jahre Vereint Nationen.(Nat.,1955,H.8,S.55o-559)

Dokumente zur Genfer Konferenz.(Nat.,1955,H.8, S.5o5-517)

Nach der Genfer Konferenz der vier Großmächte.Kommuniqué: UdSSR-Delegation in der DDR.Bericht Bulganins vor dem Obersten Sowjet. Stellungnahmen der Regierungschefs der Westmächte.Stellungnahme der Bundesregierung/Kommentare.(ddz,1955,H.1o1, Sp.7773-7798)

Haraszti,G.:Die Diskussion über die Frage der Kollektiven Sicherheit in einer besonderen Tagung der Polnischen Akademie der Wissenschaften.(J.K.,1955,H.7, S.453-455)

Umschwung in den internationalen Beziehungen.(Mezd.žizn,1955,H.8, S.3-12)

Das Übereinkommen zwischen der Regierung von Iran und dem internationalen Konsortium und zwischen der Regierung von Iran und der englisch-iranischen Erdölkompanie.(Mezd.žizd,1955,H.7, S.146-159)

Kohlmey,G.: Der Warschauer Vertrag und die wirtschaftliche Zusammenarbeit der Völker Europas.(Wirtsch.Wiss.,1955,H.4, S.449-458)

Kopal,V.:R.Beckmann, Zu den diplomatischen Hintergründen des Münchener Vertrages.1954.(Rez.) (Pr.,1955,H.8, S.5o5-511)

Kopal,V.;I.Mrázek: Zehn Jahre Organisation der Vereinten Nationen. (Pr.,1955,H.8, S.455-47o)

Luthardt,H.: Zu den Ergebnissen der Genfer Konferenz.(Nat.,1955, H.9, S.591-6o2)

Modžorjan,L.A.(Modshorjan,L.A.): Der Begriff der Souveränität im Völkerrecht.(Sov.gos.pravo,1955,H.1, S.68-76;deutsch: RID,1955, H.2o, Sp.577-585)

Die Moskauer Verhandlungen zwischen den Regierungsdelegationen der UdSSR und der DDR.Der Abschluß des Staatsvertrages.(ddz,1955, H.1o4, Sp.8o87-8118)

Die Moskauer Verhandlungen zwischen den Regierungsdelegationen der UdSSR und der Deutschen Bundesrepublik.(ddz,1955,H.1o4, Sp.8o57-8o86)

Muszkat,M.: Zum zehnjährigen Bestehen der Nürnberger Grundsätze. (NJ,1955,H.2o, S.611-616) 1o

Orlova,M.(Orlowa,M.): Aus der Geschichte der sowjetisch-deutschen Beziehungen.(Mežd.žizn,1955,H.8, S.58-68) 3

Polak,K.: Das System der kollektiven Sicherheit - die Grundlage des Völkerrechts.(Teil 2) (NJ,1955,H.18, S.547-552)

Reintanz,G:H.Baberg,H.Propp: Das Seerecht der Deutschen Demokratischen Republik.Berlin 1955. 15o S.(Rez.) (NJ,1955,H.2o,S.578 a) 7

Ševljagin,D.(Schewljagin,D.): Die allseitige Entwicklung der freundschaftlichen Beziehungen zwischen der Sowjetunion und Jugoslawien. (Mežd.žizn,1955,H.8, S.13-24)

Truchanovski,V.: England und die europäische Sicherheit.(N.Zeit, 1955,H.39, S.5-1o)

Veksler,V.I.(Weksler,W.I.): Von der Genfer Konferenz der Atomwissenschaftler.(N.Zeit,1955,H.36, S.13-15)

Zu den Ergebnissen der Diskussion über einige Fragen der Theorie des gegenwärtigen Völkerrechts.(Sov.gos.pravo,1955,H.5, S.45-5o; deutsch: RID,1955,H.2o, Sp.585-59o)

Volodin, S.(Wolodin,S.): Die Konvention über die Verhütung und die Bestrafung von Genozid-Verbrechen.(Sov.gos.pravo,1954,H.7, S.125-128;deutsch: RID,1955,H.2o, Sp.591-596) 1o

Zamis,G.: Marokko läßt sich nicht versklaven.(Einh.,1955,H.9, S.928-931)

6.Staatsrecht

Auling,R.J.: Die Schaffung und Entwicklung des Sowjetstaates in Estland.(Sov.gos.pravo,1955,H.5, S.24-3o) 3

Realistische Behandlung der Deutschlandfrage.(N.Zeit,1955,H.37, S.3-5)

Efimov,P.(Jefimow,P.): Die demokratische Republik Vietnam auf dem Wege des Aufbaus eines neuen Lebens.(Mezd.zizn,1955,H.8, S.45-57)

Flegel,M.: Fünf Jahre Gesetz zur Förderung des Handwerks.(Nat., 1955,H.8, S.521-528)

Die Genfer Konferenz und die Wiedervereinigung Deutschlands. (Arb.,1955,H.9, S.577-582)

Gottschling,E.: Die Zersetzung der richtlichen Unabhängigkeit unter dem Adenauer-Regime.Bemerkungen zu der Arbeit von Schöneburg. (Berlin 1955.) (NJ,1955,H.21, S.659-661) 12

Gwizdź,A.: Über die Verbesserung der Methoden und der Form der Arbeit des Sejm der Volksrepublik Polen.(P.i P.,1955,H.9,S.323-346)

Helm,R.: Der Karlsruher Verbotsprozeß - Zum Weißbuch des Parteivorstandes der Kommunistischen Partei Deutschlands.(Mtbl.VDJD,1955, H.4, S.3-12)

Kuprina-Vysockaja,V.B.;E.V.Rebel'skaja.(Kuprina-Wissozkaja,W.B.: E.W.Rjebjelsskaja):W.F.Kotok;N.J.Kupriz, Die Verfassung der UdSSR. Lehrbuch für Oberschullehrer.1954 (Rez.) (Sov.gos.pravo,1955,H.5, S.144-146)

Lakatoš,M.: Die Verordnungen der Nationalausschüsse als Rechtsform. (Pr.,1955,H.8, S.471-476)

Lüdemann,E.: Wer herrscht im Bonner Staat? (Arb.,1955,H.lo, S.7o7-712)

Markowski,P.: Zur Lage in Indonesien.(Einh.,1955,H.lo, S.1o21-1o26)

Melnikov,D.: Die historische Rolle der Deutschen Demokratischen Republik.(N.Zeit,1955,H.41, S.9-13)

Der Moskauer Staatsvertrag und die Aufgaben der Justiz.(NJ,1955, H.19, S.579-581)

Nathan,H.: Die Gesetzgebung der Deutschen Demokratischen Republik. 3.Quartal 1955.(NJ,1955,H.21, S.65o-656)

Neumann,O.: Das Nein zum Saarstatut - ein Schlag gegen die Pariser Verträge,gegen Separatismus und Chauvinismus.(Einh.,1955, H.lo, S.97o-976)

Pašiak,J.: Die Formung der sozialistischen Nationen.(Fil.čas. 1955,H.2, S.1o5-1o8)

Pecze,F.: Über einige charakteristische Institute der Verfassung der Chinesischen Volksrepublik.(J.K.,1955,H.2, S.111-121)

Regierungserklärung des Ministerpräsidenten Otto Grotewohl vor der Volkskammer der Deutschen Demokratischen Republik.am12.Aug. 1955.(Nat.,1955,H.9, S.573-583)

Grundsätzliches zur Saarfrage.(Weltb.,1955,H.37, S.1164-1166)

Das Saargebiet gehört zu Deutschland.(ddz,1955,H.1o3,Sp.7968-7983)

Selenin,V.(Selenin,W.): Die Föderative Volksrepublik Jugoslawien - Antwort auf Leserfragen über den staatlichen Aufbau Jugoslawiens. (N.Zeit,1955,H.37, S.3o-32)

Sergeeva,N.(Sergejewa,N.): Zeichen der Zeit(Geschichtliche Übersicht zum 1o.Jahrestag der Demokratischen Republik Vietnam). (N.Zeit,1955,H.36, S.16-18)

Sobolev,A.I.(Sobolew,A.I.): Die große schöpferische Rolle des Sowjetstaates.(Vopr.fil.,1954,H.5, S.28-42;deutsch: Sov.Wiss.(GA), 1955,H.5, S.649-664)

Tille,A.A.: Die Bildung der Lettischen Sozialistischen Sowjetrepublik - ein Akt des souveränen Willens des lettischen Volkes. (Sov.gos.pravo,1955,H.5, S.17-23) 3

Toldi,F.: Einige Fragen der doppelten Unterstellung in der Tätigkeit unserer administrativen Räteorgane.(Állam és Igazg.,1955, H.1/2, S.51-58)

Tschien Tschia-tschu: Das Ende der Ausbeutung und Armut in China. (Arb.,1955,H.9, S.632-638)

Protest gegen die Verhaftung demokratischer Juristen (Schreiben der Arbeitsgemeinschaft Demokratischer Juristen an den Bundesminister der Justiz Dr.Neumayer).(NJ,1955,H.21, S.658-659)

Westdeutsche Reaktion plant ultramontane Monarchie.(ddz,1955, H.1o3, Sp.8o27-8o32)

Zamis,G.: Die italienische Regierungsumbildung ist keine Lösung der Krise.(Einh.,1955,H.8, S.83o-833)

Žukov,G.P.;K.A.Domaševičus.(Shukow,G.P.;K.A.Domaschjewitschuss.): Die Litauische SSR - ein gleichberechtigtes Mitglied der großen Sowjetunion.(Sov.gos.pravo,1955,H.5, S.31-37)

7.Verwaltungsrecht

Über die Entgegennahme und Bearbeitung der Beschwerden der Werktätigen in den Organen der staatlichen Verwaltung.(Sov.gos.pravo, 1955,H.5, S.129)

Bönninger,K.: Die disziplinarische Verantwortlichkeit der Mitarbeiter des Staatsapparates.(St R,1955,H.5, S.763-778)

Borusz,M.;Szabó,K.: Über die lenkende Tätigkeit der Kreisexekutivkomitees.(Állam és Igazg.,1955,H.1/2, S.4-8)

Sowjetischer Staatsaufbau.Die auf dem Gebiet der Massenorganisation ausgeübte Tätigkeit der Dorfsowjets in den Ländern hinter den Karpathen.(Állam és Igazg.,1955,H.7, S.419-426)

Fábián,L.: Organisierung und Tätigkeit der ständigen Komitees. (Állam és Igazg.,1955,H.1/2, S.19-33)

Feige,G.: Zur weiteren Entwicklung der Arbeitsmethoden im Staatsapparat.(Dem.Aufb.,1955,H.15, S.39o-392)

Filip,Z.: Die Nationalausschüsse - die örtlichen Organe der Staatsgewalt.(Soudce z lidu,1955,H.9, S.129-131)

Guter,K.: Zur Arbeit der Bevollmächtigten der Räte der Kreise. (N.Weg,1955,H.15, S.923-928)

Haupt,L.: Die Rolle der Ständigen Kommissionen der örtlichen Volksvertretungen bei der Herstellung der Rentabilität der Betriebe. (Dem.Aufb.,1955,H.15, S.4oo)

Hochbaum,H.-U.: Die operative Arbeitsweise der zentralen Verwaltungsorgane der Deutschen Demokratischen Republik auf Grund des Ministerratsgesetzes vom 16.November 1954.(WZ Jena,1954/55,H.5/6, S.547-555)

Jeledi,T.;Jókai,L.: Schlichtungskommissionen der Staatsverwaltung. (Állam és Igazg.,1955,H.1/2, S.59-66)

Köppen,G.: Zur Veränderung der staatspolitischen Schulung. (N.Weg,1955,H.16, S.97o-976)

Köppert,W.: Referat auf der 1.Theoretischen Konferenz des VDK: "Die wichtigsten Aufgaben der Konsumgenossenschaften in der DDR zur weiteren Festigung des Bündnisses der Arbeiterklasse mit den werktätigen Bauern."(Grds.Fr.KG,1955,Sonderh., S.5-45) 9,13

Kutschke,A.: Eingaben und Beschwerden (Teil 3).(Schöffe,1955,H.9, S.274-276)

Leichtfuß,H.: Bericht über die Verteidigung einer staatsrechtlichen Dissertation an der Deutschen Akademie für Staats-und Rechtswissenschaft "Walter Ulbricht"[Die ständigen Kommissionen der örtlichen Organe der Staatsgewalt und ihre Aufgaben und Bedeutung im Kampf um die Lösung der Hauptaufgaben des Staates in der DDR.] (St R,1955,H.5, S.868-872) 6

Mezö,I.: Über das gegenseitige Verhältnis zwischen örtlichen Räten und Staatsanwalt.(Állam és Igazg.,1955,H.1/2. S.34-42)

Nagy,L.: Die Aufgaben unserer Räte im System der staatlichen Lenkung unserer Produktionsgenossenschaften.(Állam és Igazg., 1955,H.7, S.395-41o) 9

Némethy,A.: Abänderungsvorschläge zur Regelung unserer staatsverwaltungsmässigen Gebietseinteilung.(Állam és Igazg.,1955, H.1/2, S.67-71)

Némethy,A.: Diskussion über Fragen der Gebietseinteilung. (Állam és Igazg.,1955,H.1/2, S.96-1o1)

Piasek,K.: Über die Durchsetzung der sozialistischen Wirtschaftsprinzipien in den volkseigenen Gütern.(Einh.,1955,H.9,S.875-881)

Prüfer,E.: Das Bonner "Personalvertretungsgesetz" dient der Kriegspolitik.(Dem.Aufb.,1955,H.15, S.399) 17

Schönberg,H.: Die Rolle der Beschlüsse des Ministerrats vom 3. Februar 1955 bei der Verwirklichung des demokratischen Zentralismus in der staatlichen Verwaltung der Deutschen Demokratischen Republik.(WZ Jena,1954/55,H.5/6, S.563-568)

Schützenmeister,H.: Die Bedeutung der Festigung der Staatsdisziplin für eine Verbesserung der operativen Arbeitsweise der staatlichen Verwaltungsorgane.(WZ Jena,1954/55,H.5/6, S.557-561)

Setzefand,W.: Fragen der weiteren Festigung des Staatsapparates. (Dem.Aufb.,1955,H.15, S.389-390)

Sevrikov,K.;M.Syrcov. (Sewrikow,K.;M.Sirzow): W.I.Lenin über die Arbeit des sowjetischen Staatsapparates.(Kommunist,1955,H.12, S.13-25)

Sommerer,B.:Was unsere Arbeiterkontrolleure von den ungarischen Gewerkschaften lernen können.(Gew.Akt.,1955,H.17, S.38-42)

Sorgenicht,K.:Verbessert die Arbeit des Staatsapparates. (Dem.Aufb.,1955,H.15, S.386-388)

Für eine tiefe Volksverbundenheit des Staatsapparates.(N.Weg, 1955,H.16, S.962-969)

Szamel,L.: Die Handlungspflicht der Organe der Staatsverwaltung und ihre Vernachlässigung.(Állam és Igazg.,1955,H.7,S.381-394)

Szamel,L.: Über die Rechtsmittel der Staatsverwaltung.(Állam és Igazg.,1955,H.1/2, S.43-50)

Triebel,W.: Über das Verhältnis von Überzeugung und Zwang bei der Durchsetzung von polizeilichen Verfügungen.(VPol.,1955,H.7, S.13-14)

Varga,A.: Einige Probleme der lenkenden und kontrollierenden Tätigkeit der Exekutivkomitees.(Állam és Igazg.,1955, H.7, S.373-380)

Weber,F.: Bericht über die öffentliche Verteidigung einer Dissertation an der Juristischen Fakultät der Martin-Luther-Universität Halle-Wittenberg. [Entwicklung und Gestaltung des Beamtenrechts der Bonner Bundesrepublik im Zeichen der Faschisierungspolitik in Westdeutschland.] (St R,1955,H.5, S.873-878) 6

Wetzel,R.:Die mobilisierende Kraft der Verordnungen im Kampf um die Rentabilität der Betriebe.(N.Weg,1955,H.15, S.902-904)

8.Finanzrecht

Geier,H.: Verderbenbringendes Steuerklima für die Werktätigen. Wie in Westdeutschland mit Hilfe von steuerpolitischen Maßnahmen die Remilitarisierung vorbereitet wird.(DFW,1955,H.16, S.669-671)

Horváth,Z.L.: Wichtige Fragen des ungarischen Finanzrechts. (Állam és Igazg.,1955,H.1/2, S.105-108)

Das landwirtschaftliche Kreditwesen in der Volksrepublik Polen. (DFW,1955,H.17, S.714-715)

Richter,H.: Zu einigen Fragen der Preispolitik in der volkseigenen Industrie unserer Republik.(Einh.,1955,H.10, S.977-986)

Sickert,U.: Die Stellung der Monopolbanken in der westdeutschen Wirtschaft.(DFW,1955,H.18, S.758-761)

Viertel,G.: Über die Bildung des Direktorfonds und die Verwendung seiner Mittel.(Arb.,1955,H.8, S.566-572)

Wemmer,H.: Finanzprobleme auf der Theoretischen Konferenz. (Wirtsch.Wiss.,1955,H.4, S.592-597)

Woersching,R.;H.,Wulff;G.Pfeiffer: Die Finanzkontrolle im volkseigenen Betrieb - eine Hilfe für die Werktätigen im Kampf um die Planerfüllung.(DFW,1955,H.17, S.719-722)

9Kolchosrecht,Bodenrecht,Landwirtschaftliche Produktionsgenossenschaften

Aust,H.W.: Das neue Bauernlegen.(Weltb.,1955,H.35, S.1094-1100)

Zehn Jahre demokratische Bodenreform.(DFW,1955,H.17,S.707-708)

Zehn Jahre demokratische Bodenreform.(Ahdl.,1955,H.16, S.512)

Doležal,J.;J.Kincl.;V.Provazník;O.Šebek.: Die Entwicklung der Eigentumsverhältnisse am Boden.Prag 1954.(Rez.)(Pr.,1955,H.8, S.499-505)

Gebhardt,W.: Die demokratische Bodenreform - die historische Tat der von Ausbeutung und Knechtschaft befreiten Arbeiter und Bauern. (Dem.Aufb.,1955,H.14, S.362-363)

Gocht,H.;R.Guderian: Die Landwirtschaftlichen Arbeitsgenossenschaften in Bulgarien.(Teil 2)(Dt.Ldwi.,1955,H.9, S.417-420)

Grzybowski,S.: Statuten der landwirtschaftlichen Produktionsgenossenschaften.(Rez.)(N.P.,1955,H.7/8, S.150-155)

Helling,G.: Die Lage der westdeutschen Landwirtschaft.(DFW,1955, H.17, S.712-714)

Rosch,M.: Existenz der westdeutschen Bauern tödlich bedroht. (N.Weg,1955,H.14, S.861-864)

Schneider,W.: Die Eigenmittelbeteiligung der LPG an der Finanzierung der Produktionsaufwendungen.(DFW,1955,H.17, S.737-738)

Ulbricht,W.: Die demokratische Bodenreform - ein ruhmreiches Blatt in der deutschen Geschichte.(Einh.,1955,H.9, S.849-866) 3

Vovk,J.A.(Wowk,J.A.): Fragen des Kolchosrechts.Kiew.1954.(Rez.) (Sov.gos.pravo,1955,H.5, S.134-137)

Warnke,H.:"Besitzreform" in Westdeutschland auf Kosten der Klein- und Mittelbauern.(Dem.Aufb.,1955,H.14, S.376-377)

Zierold,R.: lo Jahre demokratische Bodenreform.(Dt.Ldwi.,1955, H.9, S.413-417)

lo.Strafrecht,Strafprozeß

Andrejew,I.: Die Gesellschaftsgefährlichkeit,die Verbrechensmerkmale,die Schuld - als Kodifizierungsprobleme.(N.P.,1955,H.7/8, S.42-51)

Bafia,J.: Verschiedene Fragen aus der Problematik des Protokolls über die Gerichtsverhandlung(Strafprozeß).(N.P.,1955,H.9, S.45-53)

Benjamin,H.:"Lehren des Strafrechts - Allgemeiner Teil".[Rez.zu: Renneberg,Die objektive Seite des Verbrechens; Gerats,Die Lehre vom Objekt des Verbrechens; Lekschas, Die Schuld als subjektive Seite der verbrecherischen Handlung.Berlin 1955.](St R,1955,H.5, S.837-846)

Böhme,F.: Zur Rechtsprechung der Verkehrsgerichte.Bericht über eine Arbeitsbesprechung im Ministerium der Justiz.(NJ,1955,H.2o, S.631-633)

Cieslár,V.: Einige Fragen der Kodifizierung des neuen Strafgesetzbuches.(J.K.,1955,H.2, S.86-1o2)

Čikvadse,V.N.(Tschikwadse,W.N.): Der Begriff und die Bedeutung des Tatbestandes im sowjetischen Strafrecht.(Sov.gos.pravo,1955, H.4, S.53-62;deutsch: RID,1955,H.21, Sp.597-6o7)

Cyprian,T.: Betrachtungen über den Allgemeinen Teil zum Strafgesetzbuchentwurf der Volksrepublik Polen.(N.P.,1955,H.7/8, S.57-62)

Flatau,A.;Kowalska: Klassenursprung und-wesen der Gesetze gegen Landstreicher und Bettler.(N.P.,1955,H.7/8, S.63-75)

Fretzer,H.: Operative Arbeit des Jugendstaatsanwalts zur Verhütung der Jugendgefährdung.(NJ,1955,H.19, S.597-598)

Hinderer,H.: Der Täter des Verbrechens.(Schöffe,1955,H.9,S.269-274)

Hirsch,R.: Sie widersprechen sich ja,Angeklagte!(NJ,1955,H.18, S.568-569)

Janoušek,V.: Zur Problematik der konterrevolutionären Verbrechen (Teil 1).(Sov.věda,1955,H.5, S.416-432)

Ignatov,A.N.;V.S.Orlov.(Ignatow,A.N.;W.S.Orlow): Die strafrechtliche Verantwortlichkeit für Spekulationen nach dem sowjetischen Strafrecht.(Sov.gos.pravo,1955,H.5, S.91-97)

Irmisch,G.: Das mitwirkende Verschulden bei Schadensersatzansprüchen im Strafverfahren.Bericht über eine Arbeitstagung der Vereinigung Demokratischer Juristen im Bezirk Karl-Marx-Stadt.(NJ,1955, H.2o, S.633-634)

Kelina,S.K.: Der Schutz des gesellschaftlichen Eigentums in der Ungarischen Volksrepublik.(Sov.gos.pravo,1955,H.5, S.153-156)

Krutzsch,W.: Öffentliche Thesenverteidigung an der Deutschen Akademie für Staats-und Rechtswissenschaft "Walter Ulbricht".[Das Subjekt des Verbrechens.] (NJ,1955,H.18, S.567-568)

Kulcsár,K.: Der Marxismus und die historische Schule des Rechtes. (J.K.,1955,H.2, S.65-85) 2

Kusnecova,N.F.(Kusnezowa,N.F.): Einige Fragen der Verantwortlichkeit für die Vorbereitung und den Versuch nach dem sowjetischen Strafrecht.(Sov.gos.pravo,1955,H.5, S.116-12o;deutsch: RID,1955, H.21, Sp.614-62o)

Leim,E.: Bemerkungen zu § 24 JGG.(NJ,1955,H.18, S.561-562)

Mendel'son,G.A.;I.M.Tkačevskij.(Mendelsohn,G.A.;I.M.Tkatschjewskij):T.L.Sergeeva(T.L.Sergejewa),Der strafrechtliche Schutz des sozialistischen Eigentums in der UdSSR.Moskau 1954.(Sov.gos.pravo, 1955,H.5, S.149-152)

Murowski,B.: Die Rolle des § 7 JGG bei der Bekämpfung der Jugendkriminalität.(NJ,1955,H.18, S.558-56o)

Neumann,H.: Zu einigen Fragen des Privatklageverfahrens.(NJ,1955, H.21, S.663-664)

Pawela,S.: Verschiedene Betrachtungen über das Rowdytum.(N.P., 1955,H.7/8, S.129-132)

Podlacki,H.: Fragen der Militärstrafprozeßordnung in den Entscheidungen des Obersten Militärgerichts.(P.i P.,1955,H.9, S.424-437)

Potepa,J.: Die Gesellschaftsgefährlichkeit und die Rechtswidrigkeit der Handlung als Bestandteile des Verbrechens im Sinne des Entwurfs zum Strafgesetzbuch der Volksrepublik Polen.(N.P.,1955, H.7/8, S.52-56)

Pritt,D.N.:"Gefängnisse"in der Sowjetunion.(Mtbl.VDJD,1955,H.4, S.19-25)

Römer,A.;G.Schwarz: Die strafrechtliche Behandlung der Teilnehmer beim sogenannten uneigentlichen Amtsverbrechen.(NJ,1955,H.18, S.556-558)

Römer,A.;G.Schwarz: Einige kritische Bemerkungen zur Verhandlungsführung im Strafverfahren.(NJ,1955,H.21, S.662-663)

Schaff,L.: Zur Verteidigung der Präsumtion der Unschuld.(N.P., 1955,H.7/8, S.89-97)

Śliwiński,S.: Das Rechtsmittel,das sich ausschließlich gegen die Begründung des Strafurteils richtet.(P.i P.,1955,H.9, S.365-382)

Stiller,G.: Zur Bestrafung von unbefugtem Waffenbesitz und von Waffenverlust.(NJ,1955,H.21, S.656-658)

Verrat von Dienstgeheimnissen der Volkspolizei ist eine Form von Spionage.(VPol.,1955,H.16, S.18-19)

Bericht über die Arbeitstagung der Sektion Strafrecht.(Sov.věda, 1955,H.5, S.449-451)

Die Arbeitstagung über Fragen des Strafrechts.(Pr.,1955,H.8, S.476-493)

Szabó,A,: Diskussion über die prinzipiellen Fragen der Kodifikation unseres Strafrechts.(J.K.,1955,H.7, S.442-453)

Die sowjetische Diskussion über Fragen des Tatbestandes des Verbrechens.(Sov.věda,1955,H.5, S.451-457)

Trajnin,A.N.: Verbrechensbegriff und Tatbestand.(Sov.gos.pravo, 1955,H.1, S.44-5o;deutsch: RID,1955,H.21, Sp.6o7-614)

Die Anwendung des materiellen Verbrechensbegriffes in der Tätigkeit der Untersuchungsorgane,der Staatsanwälte und der Richter. (NJ,1955,H.18, S.553-556)

Vida,F.: Der Kampf gegen die Verbrechen auf dem Gebiet der Wirtschaft in der neuen Etappe unserer Entwicklung.(J.K.,1955,H.2, S.1o3-11o)

Vladimirov,V.A.(Wladimirow,W.A.): Die verbrecherische Fahrlässigkeit als Form der Schuld nach dem sowjetischen Strafrecht. (Sov.gos.pravo,1955,H.5, S.98-1o3)

Vrána,M.: Die Ermittlungen bei Entwendungen und Schädigungen gesellschaftlichen Vermögens,insbesondere bei Fehlbeträgen.(Soudce z lidu,1955,H.9, S.133-136)

Vybiral,B.:A.A.Gerzenson,Der Begriff des Verbrechens im sowjetischen Strafrecht.(Rez.) (Sov.věda,1955,H.5, S.476-479)

Vybiral,B.: Der Versuch und die vorbereitende Handlung im tschechoslowakischen Strafrecht.(Sov.věda,1955,H.5, S.432-448)

Willmann,H.: Angriff gegen die Friedensbewegung in Westdeutschland.(Mtbl.VDJD,1955,H.4, S.29-3o)

Wolff,F.:J.Renneberg, Die objektive Seite des Verbrechens. Berlin 1955.(Rez.) (NJ,1955,H.18, S.552-553)

Wolter,V.: Die Frage der Teilnahme am Verbrechen.(N.P.,1955, H.7/8, S.31-41)

Wyporski,W.: Über die Spekulation.(N.P.,1955,H.7/8, S.127-129)

Ziegler,W.: Die Sabotage als eine Form der Boykotthetze i.S.des Art.6 der Verfassung.(NJ,1955,H.19, S.585-586)

11.Kriminalistik,gerichtliche Medizin

Forker,A.;F.Kobbelt: B.Gertig,R.Schädlich, Lehrbuch für Kriminalisten.Berlin 1955. 576 S.(Rez.) (NJ,1955,H.21, S.673-674)

Horoszkowski,P.: Die allgemeinen Grundsätze der Kriminalexpertise. (N.P.,1955,H.9, S.3-25)

12.Gerichtsverfassung

Arlt,R.: Zur Frage der Zuständigkeit der Gerichte bei Streitigkeiten zwischen einer LPG und ihren Mitgliedern.(NJ,1955,H.2o, S. 623-624) 2

Blažek,J.: Ein weiterer Schritt zur Demokratisierung unserer Gerichtsbarkeit.(Soudce z lidu,1955,H.6, S.81-82)

Über den Entwurf einer Bundesrechtsanwaltsordnung.(NJ,1955,H.18, S.562-565)

Görner,K.: Die nächsten Aufgaben in der Schöffenarbeit.(Schöffe, 1955,H.9, S.258-266)

Görner,K.: Zur Praxis der Justizaussprachen der Gerichte.(NJ,1955, H.2o, S.619-623)

Helm,R.: Über die Aufnahme in das Rechtsanwaltskollegium.(NJ,1955, H.19, S.6oo)

Helm,R.: Die Rechtsanwaltschaft.(Schöffe,1955,H.9, S.283-286)

Kempfer,H.: Aus der Praxis der Staatlichen Notariate.(NJ,1955, H.19, S.598-599)

Zur Vorbereitung der Konferenz von Richtern und Staatsanwälten. (17.-18.Dez.1955) (NJ,1955,H.21, S.643-644)

Kretowicz,K.: Probleme der vergesellschafteten Advokatur.(N.P., 1955,H.7/8, S.76-84)

Kulcsár,K.: Die Einheit der Gesetzlichkeit und die Militärgerichtsbarkeit.(J.K.,1955,H.8, S.5o7-514) 2

Pritt,D.N.: Wie in England die Tätigkeit der Staatsanwaltschaft ausgeübt wird.(Sov.gos.pravo,1955,H.5, S.127-128)

Der Ausschluß des Rechtsweges für verschiedene staatliche Forderungen.(N.P.,1955,H.9, S.85-86)

Révai,T.: Das neue Gesetz über die Organisation der Anwaltschaft. (J.K.,1955,H.7, S.438-442)

Rozwadowski:Über die Erweiterung der Rechte des Leiters des Anwaltskollegiums.(N.P.,1955,H.7/8, S.86-88)

Sarnowski,E.: Über Fragen der Advokatur.(N.P.,1955,H.9, S.54-64)

Streit,J.: Zu einigen Fragen der Rechtsanwaltschaft.(NJ,1955, H.19, S.587-588)

Thoms,F.: Die Justizaussprachen im Kreis Weißenfels.(NJ,1955,H.21, S.661-662)

13.Vertragssystem,Arbitrage

Buschardt;Meyer: Das Vertragssystem gilt auch für den Großhandel. (Hdl.,1955,H.18, S.4-5)

Jaičkov,K.K.(Jaitschkow,K.K.): Der Transportvertrag und seine Bedeutung bei der Verwirklichung der Pläne der volkswirtschaftlichen Tätigkeit.(Sov.gos.pravo,1955,H.5, S.63-72)

Kann,K.;K.Lengwinat:Zur Entwicklung des Vertragssystems.(Wirtsch. Wiss.,1955,H.4, S.459-471)

Kohn,K.: Das Recht der Abnahmeverweigerung bei Lieferverzug.(Hdl., 1955,H.16, S.6-7)

Kufel,W.: Das Problem der Trennung zwischen dem zivilrechtlichen und dem vertragsgerichtlichen Verfahren.(N.P.,1955,H.7/8,S.1o4-11o) 14

Die Lieferverträge zwischen dem Groß-und Einzelhandel.(J.K.,1955, H.2, S.127-128)

Rajcher,V.K.(Rajchjer,W.K.): Die Strafen im Kampf für die Vertragsdisziplin.(Sov.gos.pravo,1955,H.5, S.73-81)

Schadensersatzansprüche bei Vertragsverletzungen.(DFW,1955,H.16, S.683-684)

14.Zivilrecht,Zivilprozeß

Wie wird ein Akkreditiv-Geschäft technisch abgewickelt?(Schluß) (Ahdl.,1955,H.17/18, S.58o-581)

Amerchanov,G.S.;S.M.Korneev.(Amjerchanow,G.S.;S.M.Kornjejew): Die Fragen des sowjetischen Zivil-und Familien-rechts in den wissenschaftlichen Schriften der juristischen Hochschulen im Jahre 1954.(Sov.gos.pravo,1955,H.5, S.137-144)

Ansorg,L.: Gegen eine generelle Übertragung der Prozeßführung auf die Kollegien der Rechtsanwälte in Unterhaltsprozessen nichtehelicher Kinder!(NJ,1955,H.18, S.569-57o)

Bader:Ein Beitrag zur Theorie der Versicherung.(DFW,1955,H.17, S.743-744)

Beck,S.: Zur Regelung der Gerichtsbarkeit in Erbschaftssachen. (J.K.,1955,H.8, S.494-498)

Bundels,R.: Finanzierung von Eigengeschäften durch kurzfristige Bankkredite.(Ahdl.,1955,H.16, S.524-525)

Čapek,K.: Die juristischen Personen in unserer Gesetzgebung. (Pravnik,1954,H.7, S.467-476;deutsch: RID,1955,H.19,Sp.552-566)

Damerov:Pfändbarkeit des Arbeitseinkommens.(DFW,1955,H.18,S.779) 17

Dybowski,T.: Über die Auslegung des Artikels 152 § 1 des Schuldverpflichtungsgesetzes.(N.P.,1955,H.7/8, S.98-1o3)

Finanzierung von Eigengeschäften (Schluß).(Ahdl.,1955,H.17/18, S.581)

Fritsche,R.: Zur Frage der Warenrückvergütung und der Stärkung des gemeinsamen Eigentums der Mitglieder.(Grds.Fr.KG,1955,H.8, S.278-286)

Görner,K.: Ein neues Lohnpfändungsrecht.(Dem.Aufb.,1955,H.14, S.378-379) 17

Incoterms 1953.(Ahdl.,1955,H.16, S.513-521)

Der Stand der Diskussion über die staatlichen juristischen Personen.(Sov.gos.pravo,1954,H.8, S.1o9-119;deutsch: RID,1955,H.19, Sp.535-552)

Kleine,H.: Zur Dogmatik der juristischen Person.(Rez.zu: Posch, Kapitalassoziationen,ihre Rechtsfähigkeit und die Dogmatik der juristischen Person im Dienst des vormonopolistischen deutschen Kapitalismus.Berlin 1955).(St R,1955,H.5, S.847-856)

Lange,H.: Wege zu einer besseren Analyse der Vorbereitung und Durchführung von Investitionen.(Stat.Prax.,1955,H.9, S.137-139)

Lipinski,K.: Über Fragen der Urteilsvollstreckung in Zivilprozessen.(N.P.,1955,H.9, S.26-36)

Lukaszewicz,J.: Der Besitzprozeß in der gerichtlichen Praxis.(N.P., 1955,H.7/8, S.132-137)

Madey,M.: A.Karass, Das Recht des staatlichen sozialistischen Eigentums.Moskau 1954.(Rez.) (P.i P.,1955,H.9, S.448-456)

Marowski,J.: Die Verantwortlichkeit des gutgläubigen Besitzers nach Erhebung einer gegen ihn gerichteten Herausgabeklage. (P.i P.,1955,H.9, S.383-397)

Melsheimer,E.: Über die Arbeit der Staatsanwälte auf dem Gebiet des Zivil- und Arbeitsrechts.(NJ,1955,H.19, S.581-585)

Müller,R.: Das neue Prämiensparen.(DFW,1955,H.18, S.754-755) 8

Nizsalovszky,E.: Die Subjekte des Zivilrechts.(J.K.,1955,H.7, S.387-412)

Pinner,H.;K.Benecke: Aktuelle Probleme der Untermiete.(NJ,1955, H.19, S.591-594)

Posch,M.: Der Rechtssatz superficies solo cedit und das städtische Grund- und Gebäudeeigentum im deutschen Kapitalismus.(St R, 1955,H.5, S.779-8o2)

Püschel,H.;H.Harrland: Prozeßvergleich und Urteilsverfahren.(NJ, 1955,H.2o, S.624-631)

Resich,Z.: Die Klageänderung.(P.i P.,1955,H.9, S.398-4o9)

Sauer,E.: Zur Berechnung der Prozeßgebühren bei Vergleichen über nichtrechtshängige Ansprüche.(NJ,1955,H.19, S.6oo)

Schnabel,W.: Um den Globalversicherungsvertrag für den Handel. (Eine Stellungnahme zu dem Beitrag des Kollegen Grützner.)(DFW, 1955,H.16, S.699-7oo)

Schilke,M.u.W.:Nutzt die neuen Verrechnungsverfahren.(DFW,1955, H.19, S.82o-821)

Szczerbiski,J.: Die Berechnung von Verzugszinsen aus periodischen Bargeldleistungen.(N.P.,1955,H.7/8, S.137-141)

Szilbereky,J.: Der Charakter des Protestes im Interesse der Gesetzlichkeit(in Zivilsachen).(J.K.,1955,H.7, S.412-423)

Tabecki,C.: Die Beweise und die Beweisführung nach der sozialistischen Zivilprozeßordnung.(N.P.,1955,H.7/8, S.18-3o)

Világhy,M.: Über das System des Zivilgesetzbuches der Ungarischen Volksrepublik.(J.K.,1955,H.8, S.457-487)

Der Vollstreckungsbefehl,erlassen auf Grund eines Zahlungsbefehls wegen eines nichteingelösten Wechsels,als selbständige Vollstreckungsgrundlage.(N.P.,1955,H.7/8, S.122-124)

Warkallo,W.:A.W.Wenediktow, Die zivilrechtliche Problematik des Schutzes des gesellschaftlichen Eigentums.(Rez.)(N.P.,1955,H.9, S.91-98)

Waszczyński,J.: Die "selbständige" Revision des Zivilklägers.Entwicklung der Bestimmungen der Poln.StPO über die Zivilklage.(N.P., 1955,H.9, S.37-44)

Wulf,E.: Welche Bedeutung hat der Frachtbrief im Außenhandel und was ist bei seiner Ausstellung zu beachten?(Ahdl.,1955,H.17/18, S.579-58o)

Über den Gegenstand des sowjetischen Zivilrechts (zu den Ergebnissen der Diskussion).(Sov.gos.pravo,1955,H.5, S.51-62)

15.Familienrecht

Amerchanov,G.S.;S.M.Korneev,(Amjerchanow,G.S.;S.M.Kornjejew): Die Fragen des sowjetischen Zivil- und Familienrechts in den wissenschaftlichen Schriften der juristischen Hochschulen im Jahre 1954.(Sov.gos.pravo,1955,H.5, S.137-144)

Eliasch,J.: Das tschechoslowakische Familiengesetz in der Gerichtspraxis.(N.P.,1955,H.7/8,S.5-17)

16.Internationales Privatrecht

Keine Eingänge

17.Arbeitsrecht

Grundsätze für die Zusammenarbeit zwischen den Organen des staatlichen und gewerkschaftlichen Arbeitsschutzes und den Sanitätseinheiten des Deutschen Roten Kreuzes in den Betrieben.(Gew.Akt., 1955,H.17, S.5o-51)

Eine gerechte und allgemeine Forderung: Verkürzung der Arbeitswoche.(WGBew.,1955,H.8, S.1-3)

Bauer,F.: Die Prämienverordnung,ein Mittel zur Verwirklichung des Leistungsprinzips für die leitenden Kader der volkseigenen Wirtschaft.(DFW,1955,H.17, S.728-732)

Borkmann,L.: Zur Brigadierentlohnung.(A.u.S.,1955,H.19, S.583-585)

Chelmicki,Z.: Verschiedene Betrachtungen zur Änderung des Gesetzes über die Sicherung der sozialistischen Arbeitsdisziplin.(N.P., 1955,H.7/8, S.114)

Doehring,A.: Zur Arbeitszeit in der Deutschen Demokratischen Republik und in Westdeutschland (Teil 1).(A.u.S.,1955,H.2o, S.618-619)

Dyballa,E.: Den Frauenförderungsplänen größere Beachtung schenken. (Arb.,1955,H.8, S.556-562)

Göhring,J.: Über das Verfahren nach § 31 Konfliktkommissions-Verordnung.(A.u.S.,1955,H.19, S.596-599)

Groß,W.: Die analytische Arbeitsplatzbewertung in Westdeutschland. Das Beispiel des Bochumer Vereins.(WGBew.,1955,H.9, S.22-25)

Grundmann,G.: Die Haftung des Betriebes für eingebrachte Sachen der Werktätigen.(A.u.S.,1955,H.18, S.564-567)

Hiller,G.: Einige Bemerkungen zu dem Artikel von Ernst Mader"Der Prämienlohn in der westdeutschen Industrie - ein Mittel zur Sicherung von Maximalprofiten".(Wirtsch.Wiss.,1955,H.4, S.588-591)

Joannès,G.: Die weiblichen Arbeitskräfte und die Antreiberei. (WGBew.,1955,H.9, S.34-36)

Karinskij,S.S.:Über den Unterschied zwischen der materiellen Verantwortlichkeit nach dem Arbeitsrecht und der zivilrechtlichen Verantwortlichkeit für Schäden.(Sov.gos.pravo,1955,H.5, S.82-9o)

Knabe,E.: 1o Jahre Berufsfürsorge für Schwerbeschädigte in Berlin. (A.u.S.,1955,H.18, S.568-569)

Das Kündigungsrecht in der Deutschen Demokratischen Republik. (Gew.Akt.,1955,H.17, S.5-7; H.18, S.5-8; H.19, S.8-13)

Melsheimer,E.: Über die Arbeit der Staatsanwälte auf dem Gebiet des Zivil- und Arbeitsrechts. (NJ,1955,H.19, S.581-585)

Möhler,E.: Das Problem des Schweregrades eines Unfalles.(A.u.S., 1955,H.19, S.587-59o)

Müller,J.H.: Die Arbeitssanitätsinspektionen müssen mit den staatlichen und gewerkschaftlichen Organen des Arbeitsschutzes eng zusammenarbeiten.(A.u.S.,1955,H.18, S.571-573)

Müller,J.: Kampf gegen Manko durch Schuldanerkennung?(Hdl.,1955, H.18, S.13)

Pätzold,E.: Über die Voraussetzung eines Arbeitsrechtsverhältnisses.Urteil des Bezirksarbeitsgerichtes Halle/Saale vom 22.März 1955 - BA 6/55 -mit Anm.(A.u.S.,1955,H.17, S.534-536)

Pampel,M.: Für die konsequente Verwirklichung des Leistungsprinzips bei der Anwendung der Prämien-Verordnung vom 17.Februar 1955. (A.u.S.,1955,H.18, S.547-549)

Palmer,G.: Erfolgreicher Abschluß der neuen Kollektivverträge in Schweden.(WGBew.,1955,H.8, S.29)

Paul,H.: Das Verfahren vor den Beschwerdekommissionen der Sozialversicherung.(A.u.S.,1955,H.17, S.539-541)

Perretti,A.: Ohne Demokratie im Betrieb keine Demokratie im Staat. (WGBew.,1955,H.9, S.4-7)

Petruv,A.: Die Auflösung des Arbeitsrechtsverhältnisses.(Soudce z lidu,1955,H.6, S.83-87)

Román,L.: Der Schaden,der dem Unternehmen zugefügt wurde und sein Ersatz.(J.K.,1955, H.8, S.487-493) 14

Schmidt,I.: Hauptverwaltungen mißachten die Arbeit der Konfliktkommissionen.(Gew.Akt.,1955,H.17, S.43-45)

Schulz,W.: Über die Bedeutung des Arbeitsrechts und zur Rechtsprechung der Arbeitsgerichte in der Deutschen Demokratischen Republik.(A.u.S.,1955,H.17, S.532-534; H.18, S.569-57o; H.19, S.599-6o1; H.2o, S.626-628)

Smart,O.: Bestrebungen der britischen Konfektionsarbeiterinnen. (WGBew.,1955,H.9, S.31-33)

Spangenberg,F.: Der Beschluß des 4.FDGB-Kongresses und das Gesetz der Arbeit.(Gew.Akt.,1955,H.19, S.47-5o)

Thalmann,H.: Die Anwendung der sowjetischen Erfahrungen auf dem Gebiet des Arbeitslohnes in der DDR.(Wirtsch.Wiss.,1955,H.4, S. 531-56o)

Wolfard,M.:Die neuen Kollektivverträge der amerikanischen Automobilarbeiter.(WGBew.,1955,H.8, S.13-15)

18.Sonstiges

Efimov,G.(Jefimow,G.): Sowjetische Literatur und übersetzte Schriften über das große chinesische Volk.(Mežd.žizn,1955,H.8,S.126-134)

Helm,R.: Zehn Jahre demokratische Justiz.Eine Ausstellung im Ministerium der Justiz.(NJ,1955,H.18, S.565-567)

Die Erziehungsmethoden an den Hochschulen vervollkommnen!(Vestnik [Wysschej Schkoly] 1955,Nr.6;deutsch: Forum,Wiss.Beil.,1955,H.21, S.3-8)

Zweite Zentrale Hochschulkonferenz - ausführlicher Bericht -. (Hswesen,1955,H.7/8, S.93-1oo)

Karliner,O.: Die Eröffnung der gesamtpolnischen Beratung der Vorsitzenden und Sekretäre der Wojewodschaftskommission zur Popularisierung des Rechts.(Auszüge)(P.i P.,1955,H.9, S.438-443)

Kunkel,W.: Johannes Stroux (ZRG.Rom.Abt.,1955,Bd.72, S.514-516)

Pankratova,A.M.(Pankratowa,A.M): Auf dem Historikerkongreß in Rom.(N.Zeit,1955,H.42, S.2o-23)

Der Rechenschaftsbericht aus der gesamtpolnischen Konferenz zur Frage der Popularisierung des Rechts. (P.i P.,1955,H.9, S.444-447)

Preiss,H.: Zur Frage der objektiven Leistungsbeurteilung bei akademischen Prüfungen.(WZ Jena,1954/55,H.5/6, S.569-575)

Stern,L.: Eindrücke von der 2oo-Jahrfeier der Staatlichen Lomonossow-Universität in Moskau.(Hswesen,1955,H.7/8, S.1o1-111)

Tulisov,M.P.(Tulissow,M.P.): Über die Tätigkeit der Internationalen Vereinigung demokratischer Juristen(zu den Ergebnissen der Tagung der Internationalen Vereinigung demokratischer Juristen in Wien).(Sov.gos.pravo,1955,H.5, S.121-124)

B. BIBLIOGRAPHIE AUS ZEITSCHRIFTEN DER DEUTSCHEN BUNDESREPUBLIK

Diese Bibliographie enthält eine Auswahl einschlägiger Artikel aus folgenden Zeitschriften: 1)

AcP	= Archiv für die civilistische Praxis, Tübingen	1955, H.4
AG	= Der Arbeitgeber, Düsseldorf	1955, H.15-18
ArbuR	= Arbeit und Recht, Köln	1955, H.8-9
ARSP	= Archiv für Rechts-und Sozialphilosophie, Meisenheim/Glan	1955, H.3
ASP	= Arbeit und Sozialpolitik, Bonn	1955, H.8
AUSS.POL.	= Aussenpolitik, Stuttgart	1955, H.7-9
B	= Der Betrieb, Düsseldorf	1955, H.2o-24; 26; 29; 32-38
BArbBl.	= Bundesarbeitsblatt, Stuttgart, Köln	1955, H.14-17
BB	= Der Betriebs-Berater, Heidelberg	1955, H.22-27
DÖV	= Die öffentliche Verwaltung, Stuttgart, Köln	1955, H.14-18
Dokumente	= Dokumente. Zeitschrift für übernationale Zusammenarbeit, Offenburg	1955, H.4
DRiZ	= Deutsche Richterzeitung, Köln, Berlin	1955, H.8-9
DVBl	= Deutsches Verwaltungsblatt, Köln, Berlin	1955, H.16-18
FamRZ	= Ehe und Familie im privaten und öffentlichen Recht, Bielefeld	1955, H.8-9
EA	= Europa-Archiv, Frankfurt/M.	1955, H.15-18
FR	= Finanz-Rundschau (Deutsches Steuerblatt), Köln	1955, H.16-18
GAStr	= Goltdammer's Archiv für Strafrecht, Hamburg	1955, H.9
Gem.u.Pol.	= Gemeinschaft und Politik, Bad Godesberg	1955, H.6
Gem.Tag	= Der Gemeindetag, Stuttgart, Köln	1955, H.7-8
Gew.Mon.H.	= Gewerkschaftliche Monatshefte, Köln	1955, H.8-9
GRUR	= Gewerblicher Rechtsschutz und Urheberrecht, Weinheim	1955, H.7-9
Int.Arb.Mtlgn.	= Internationale Arbeitsmitteilungen, Mehlem	1955, H.12-14 16-2o
Int.Jb.Pol.	= Internationales Jahrbuch der Politik, München	1955, H.2
JIR	= Jahrbuch für Internationales Recht, Göttingen	1954, Bd.4 (=Nachtragsbd 1952/53)

JR	= Juristische Rundschau, Berlin	1955, H.9
JZ	= Juristenzeitung, Tübingen	1955, H.15-18
DJ	= Die Justiz, Düsseldorf	1955, H.4-5
MDR	= Monatsschrift für Deutsches Recht, Hamburg	1955, H.8-9
MschrKrim	= Monatsschrift für Kriminologie und Strafrechtsreform, Berlin, Köln	1955, H.3-4
N.Gesellschaft	= Die Neue Gesellschaft, Bielefeld	1955, H.5
NJW	= Neue Juristische Wochenschrift, München, Berlin	1955, H.26-38
Öff.D.	= Der Öffentliche Dienst, Düsseldorf	1955, H.7-8
RdA	= Recht der Arbeit, München, Berlin, ...	1955, H.7-8
RdJ	= Recht der Jugend, Berlin	1955, H.16-18
RdL	= Recht der Landwirtschaft, Hamburg	1955, H.7-8
RLA	= Rundschau für den Lastenausgleich, Hamburg	1955, H.15-18
SCHM.JB	= Schmollers Jahrbuch für Gesetzgebung, Verwaltung und Volkswirtschaft, Berlin ..	1955, H.4
	Universitas (Zeitschrift für Wissenschaft, Kunst und Literatur). Stuttgart ..	1955, H.8-9
WuW	= Wirtschaft und Wettbewerb, Düsseldorf ...	1955, H.7-8
Zbl.Jug.R.	= Zentralblatt für Jugendrecht und Jugendwohlfahrt, Köln, Berlin	1955, H.8
ZHK	= Zeitschrift für das Gesamte Handelsrecht und Konkursrecht, Stuttgart	1955, Bd 118, H.3
ZMR	= Zeitschrift für Miet- und Raumrecht, Düsseldorf	1955, H.9
ZSt	= Zeitschrift für die gesamte Staatswissenschaft, Tübingen	1955, Bd 111, H.3
ZStr	= Zeitschrift für die gesamte Strafrechtswissenschaft, Berlin	1955, Bd 67, H.2-3

1) Die hier aufgeführten Hefte sind gemäß der Benutzungsordnung der Bibliothek des Deutschen Instituts für Rechtswissenschaft bedingt ausleihfähig.

1. Theorie und Geschichte des Staates und des Rechts [1)]

Brügel,J.W.: Der Londoner Kongreß der Sozialistischen Internationale.(12.-17.Juli 1955) (EA,1955,H.17, S.8138-8140)

Coing,H.: Über einen Beitrag zur rechtswissenschaftlichen Grundlagenforschung.(Rez.über: Th.Viehweg,Topik u.Jurisprudenz. München 1953) (ARSP,1955,H.3, S.436-444)

Fechner,E.: Naturrecht und Existenzphilosophie.(ARSP,1955,H.3, S.305-325)

Frey,E.: Die richterliche Rechtsschöpfung.(ArbuR,1955,H.9, S.257-263) 13

Fricke,F.: Gedanken zur Verwirklichung des Aktionsprogramms(des DGB).(Gew.Mon.H.,1955,H.8, S.469-475) 13

Friedmann,W.: Übergesetzliche Rechtsgrundsätze und die Lösung von Rechtsproblemen.(ARSP,1955,H.3, S.348-371)

Genzmer,E.: Zum Verhältnis von Rechtsgeschichte und Rechtsvergleichung.Eine Vortragsskizze.(ARSP,1955,H.3, S.326-347)

Die erneute Warnung eines Freundes(Rolle der Gewerkschaften, Streikrecht).(AG,1955,H.17, S.561-562) 13

Grabowsky,A.: Weltgeschichte und Weltpolitik.(Int.Jb.Pol.,1955, H.2, S.138-150)

Heberle,R.: Das soziologische System von Ferdinand Tönnies.(SCHM. JB.,1955,H.4, S.1-18)

Köhler,K.H.von: Kann der Gesetzgeber durch Schweigen die Verfassungswirklichkeit ändern? (NJW,1955,H.30, S.1089-1092) 3

Köpping,W.: Radikalisierung und Aktivierung der Gewerkschaftsarbeit.(Gew.Mon.H.,1955,H.8, S.381-483) 13

Loen,E.van: Mensch oder Roboter ?(Gem.u.Pol.,1955,H.6, S.5-8)

Mosbach,O.: Sozialdemokratie und Wehrpolitik.(N.Gesellschaft, 1955,H.5, S.60-63)

Müller-Erzbach,R.: Kann die Kraft der Persönlichkeit die Planmäßigkeit der Rechtsfindung ersetzen? (JZ,1955,H.18, S.561-564)

Paetel,K.O.: Deutsche im Exil.Randbemerkungen zur Geschichte der politischen Emigration.(AUSS.POL.,1955,H.9, S.572-585)

Radke,O.: Konstruktive Gewerkschaftspolitik? (Gew.Mon.H.,1955, H.8, S.476-480)

1) Die nach der Fundstelle eines Artikels angegebenen Zahlen verweisen auf die Bedeutung dieses Artikels auch für andere Fachgebiete entsprechend der hier zugrunde gelegten Systematik.

Röpke,W.: Der Wohlfahrtsstaat im Kreuzfeuer der Kritik.(Universitas,1955,H.9, S.903-915) 3

Schilling,K.: Heideggers Interpretation der Philosophiegeschichte. (ARSP,1955,H.9, S.399-421)

Schoeck,H.: Der Amerikaner und die Uniform.Die Stellung des Militärs in den Vereinigten Staaten.(AUSS.POL.,1955,H.9, S.561-571) 3

Shellens,M.S.: Der Begriff des Naturrechts in der "Großen Ethik". (ARSP,1955,H.3, S.422-435)

Stein,H.: Volkssouveränität oder Obrigkeitsstsst? (DJ,1955,H.4/5, S.113-119)

Streit,W.: Der Neofaschismus.Zur Ideologie des Rechtsradikalismus. (N.Gesellschaft,1955,H.5, S.48-55)

Vonessen,F.: Der Rechtsbegriff und die Neubegründung der Ethik. (ARSP,1955,H.3, S.372-398)

2.Völkerrecht und Aussenpolitik

Das Ende des Kolonialismus und der Aufstieg neuer Nationen in Südostasien.(EA,1955,H.15, S.8037-8045)

Kommuniqué der amerikanisch-japanischen Besprechungen in Washington vom 29.bis zum 31.August 1955.(EA,1955,H.18, S.8220)

Barrat,R.: Assimilierung oder Nationalismus.(Frankreich in Nordafrika) (Dokumente,1955,H.4, S.295-301)

Benckiser,N.: Der Quai d'Orsay und seine Tradition.(AUSS.POL., 1955,H.7, S.438-441)

Von der Berliner Konferenz (1954)zur Genfer Konferenz (1955). Die wichtigsten Ereignisse und Erläuterungen.(EA,1955,H.15, S.8053-8064)

Die Entwicklung der europäischen Zusammenarbeit im Verkehr.(EA, 1955,H.18, S.8199-8218)

Internationales Funk- und Rundfunkrecht. 1. Internationale Funk- und Rundfunkverträge. 2. Dokumente: Der Internationale Fernmeldevertrag,Buenos Aires 1952.(JIR,1954,Bd.4, S.190-211)

Gasteyger,C.: Zehnter Jahresbericht des Generalsekretärs der Vereinten Nationen.(EA,1955,H.17, S.8137-8138)

Dokumente zur Genfer Konferenz der Regierungschefs der vier Mächte vom 18.bis zum 23.Juli 1955.(EA,1955,H.16, S.8098-8120)

Stellungnahmen der Sowjetunion und der DDR zu den Ergebnissen der Genfer Konferenz (18.-23.Juli 1955).(EA,1955,H.17, S.8142-8144)

Hostad,E.: Schweden und die Gemeinschaft des Westens.(EA,1955, H.17, S.8127-8132)

Heiser,H.J.: Die Errichtung des Ständigen Rüstungsausschusses der Westeuropäischen Union.(EA,1955,H.17, S.8134-8137)

Helle,J.: Nordafrikaner in Frankreich.(Dokumente,1955,H.4, S.308-311)

Hölzle,E.: Die Weltmächte und der Ausbruch des ersten Weltkrieges. (AUSS.POL.,1955,H.7, S.451-458)

Das Recht der Individualbeschwerde ist für sechs Staaten gültig. (EA,1955,H.18, S.8234-8236)

Die 44.Konferenz der Interparlamentarischen Union(25.-31.Aug.1955 in Helsinki).(EA,1955,H.18, S.8221-8223)

Joeden,J.: Die Funksendefreiheit der Staaten. Teil 2: Die Schranken der Ätherfreiheit.(JIR.1954,Bd 4, S.71-119)

Karunakaran,K.P.: Die Stellung Indiens in der Weltpolitik.Eine Übersicht über die indische Außenpolitik 1947-1955.(EA,1955,H.15, S.8031-8036)

Kissinger,H.A.: Die amerikanische Politik und der Präventivkrieg. (Dokumente 1955,H.4, S.283-294)

Kövér,J.F.: Der kalte Krieg kostet Geld.(AUSS.POL.,1955,H.7, S.420-431)

Koumantos,G.: Der zweite Europa-Kongreß in den Haag vom 8.-10.Oktober 1953.(JIR,1954,Bd 4, S.218-222)

Laun,R.: Naturrecht und Völkerrecht.(JIR,1954,Band 4, S.5-41) 1

Laun,R.: Die Wiederaufnahme des Saloniki-Prozesses von 1917 in Jugoslawien,Juni 1953,und die Ursachen des Ersten Weltkrieges. (JIR,1954,Bd 4, S.123-137)

Lehideux,H.;I.Bassot:Föderalismus als Lösung?(Frankreich in Nordafrika) (Dokumente,1955, H.4, S.305-307)

Lindemann,H.: Schwedische Baumeister der Bündnislosigkeit.(AUSS. POL.,1955,H.7, S.432-437)

Maier,H.;A.Tobler: Die Ablösung des Besatzungsstatuts in der Bundesrepublik Deutschland. I.Die Entwicklung von der "Kleinen Revision"(März 1951) bis zum Inkrafttreten der Pariser Verträge(Mai 1955). II. Die Beendigung des Besatzungsregimes nach den Pariser Verträgen.(EA,1955,H.16, S.8081-8097)

Vereinbarung zwischen dem Königreich Griechenland und den Vereinigten Staaten von Amerika über militärische Erleichterungen (12.Akt.1953).(JIR,1954,Bd 4, S.187-189)

Französische Dokumente betreffend das Potsdamer Abkommen und die Rechtslage Deutschlands.(JIR,1954,Bd 4, S.179-183)

Radovanovič,L.: Die Jugoslawische Politik der Koexistenz.(AUSS. POL.,1955,H.8, S.505-512)

Richtlinien der Regierungschefs der Vier Mächte für die Außenminister vom 23.Juli 1955.(EA,1955,H.15, S.8064)

Offizielle Erklärungen zur Selbstbestimmung der Völker und zum Schutz nationaler Minderheiten. 1. Eine Erklärung der Sowjetunion (31.8.49) 2. Eine Erklärung des Präsidenten der Vereinigten Staaten (20.2.54) 3. Eine Erklärung des Staatspräsidenten Tito der jugoslawischen Republik (6.9.53) 4. Eine Erklärung des früheren Ministerpräsidenten Pella der Republik Italien (13.9.53)(JIR,1954, Bd 4, S.183-187)

Gemeinsames Kommuniqué über die Verhandlungen der Sowjetregierung und der Regierung der Demokratischen Republik Vietnam in Moskau vom 12.-18.Juli 1955.(EA,1955,H.17, S.8144-8146)

Der "Kolonialismus"in Südostasien. Untersuchung einer Arbeitsgruppe des Neuseeländischen Instituts für Internationale Angelegenheiten. (EA,1955,H.15, S.8045-8052)

Suffert,G.: Das umstrittene Werk der Kolonisation.(Frankreich in Nordafrika) (Dokumente,1955,H.4, S.301-305)

Thilenius,R.: Österreichs Freiheit.Die aktive Neutralitätspolitik Wiens.(AUSS.POL.,1955,H.8, S.495-504)

Dokumente der Verhandlungen der Regierungsdelegation der Bundesrepublik Deutschland mit der Sowjetregierung in Moskau vom 9.bis zum 13.September 1955.(EA,1955,H.18, S.8219)

Beitritt der Bundesrepublik zu der Konvention der Vereinten Nationen über die Todeserklärung Verschollener.(B,1955,H.29, S.683)
2

Weis,P.: Die Genfer Flüchtlings-Konvention vom 28.Juli 1951. (JIR,1954,Bd 4, S.53-62)

Die Tagungen des Ministerrates der Westeuropäischen Union(WEU) vom 4.und 15.Juli und des Nordatlantikrates vom 16.Juli 1955. (EA,1955,H.15, S.8065)

Aide Mémoire der Bundesregierung an den Rat der Westeuropäischen Union(WEU)vom 21.Juli 1955.(Saarfrage) (EA,1955,H.17, S.8146)

Wilson,O.: Internationale Folgeerscheinungen der wirtschaftlichen, sozialen und politischen Umwandlung in Asien.(EA,1955,H.15,S.8038-8045)

3.Staats- und Verwaltungsrecht

Auby,J.-M.: Die Ersatzleistung für Schäden durch hoheitliche Eingriffe im öffentlichen Recht.(DÖV,1955,H.17/18, S.536-538)

Bachof,O.: Vorlagebeschlüsse an das Bundesverfassungsgericht: ein Anlaß zum Stillstand der Rechtspflege? (DÖV,1955,H.16, S.492-493)

Barck,L.: Die Rechtsprechung der Oberverwaltungsgerichte zu den Bodenreformgesetzen in der amerikanischen Zone.(RdL,1955,H.7, S.184-187; H.8, S.206-209)
2

Bergsträsser,A.;Th.Eschenburg: Memorandum über die Eingliederung der Streitkräfte in das Staatswesen der Bundesrepublik.(Int.Jb. Pol.,1955,H.2, S.180-189)

Zur Aufhebung des Besatzungsrechts.(DRiZ,1955,H.8, S.196-197)

Bettermann,A.: Zur Lehre vom Folgenbeseitigungsanspruch.(DÖV, 1955,H.17/18, S.528-536) 9

Brandl,Th.: Gesetzesbereinigung und Gesetzeskraft.(NJW,1955,H.28, S.1015-1017)

Bremer,H.: Zum Begriff "Kammer".(Handelskammer)(JR,1955,H.9, S.332-333)

Verlängerung der Amtszeit von Richtern des Bundesverfassungsgerichts.(DRiZ,1955,H.8, S.199)

Dürig,G.: Grundfragen des öffentlich-rechtlichen Entschädigungssystems.(JZ,1955,H.17, S.521-525) 9

Forsthoff,E.: Eigentumsschutz öffentlich-rechtlicher Rechtsstellungen.(NJW,1955,H.34/35, S.1249-1251) 9

Das Freiwilligengesetz in Kraft.(AG,1955,H.15/16, S.503-504)

Friedensburg,F.: Wohlstand und Wiedervereinigung.(AUSS.POL., 1955,H.9, S.554-560)

Fuss,E.-W.;D.Rogalla: Zur Gewährleistung der eigenständigen Willensbildung des Gesetzgebers in den USA.Über legislative investigation und die Bemühungen zur Regelung des lobbying.(JZ,1955, H.17, S.530-533)

Gamillscheg,F.: Zur Ausnahmebewilligung von der Meisterprüfung im Handwerksrecht.(JR,1955,H.9, S.334-336)

Geiger:Bemerkungen zur Haftung des Staates für sein hoheitliches Handeln de lege ferenda.(DRiZ,1955,H.9, S.206-208) 9

Grabendorff,W.: Der Einfluß der Kriegsgefangenschaft auf das Beamtenverhältnis.(Öff.D.,1955,H.7, S.123-128)

Hamann,A.: Die Ermessensfreiheit der Gesetzgebung.(NJW,1955,H.27, S.969-972)

Hamann,A.;H.Mittelbach: Rechtsschutz gegen Betriebsbeeinträchtigung durch Parkverbote? (BB,1955,H.27, S.851-854)

Hesse,K.: Kirchliche und staatliche Verwaltungsgerichtsbarkeit. (DVBl.,1955,H.18, S.589-592)

Idel,W.: Beamtenrechtliche Fürsorgepflicht und Amtshaftung.(NJW, 1955,H.36, S.1300-1303) 9,13

Kemnitz,E.M.: Die Auswirkung der"Bonner Verträge" auf die Beschaffungen fremdländischer Streitkräfte in der Bundesrepublik.(BB, 1955,H.24, S.754-755) 4

Kern,E.:Die Entwicklung des Bundesrechts im ersten Halbjahr 1955. (Fortsetzung u.Schluß aus H.15)(DVBl.,1955,H.16, S.524-526)

Köttgen,A.:Der Einwand der Mischverwaltung und das Grundgesetz. (DÖV,1955,H.16, S.485-492)

Kohlhaas:Das Waffengesetz nach Wegfall der alliierten Sondergesetze.(NJW,1955,H.38, S.1385-1386) 2

Kramel,A.: Berufsbeamtentum - Mittler zwischen den Interessen. (AG,1955,H.17, S.587-588)

Krauss,W.: Die parlamentarische Kontrolle der Außenpolitik.Macht und Ohnmacht der Ausschüsse für Auswärtige Angelegenheiten.(AUSS. POL.,1955,H.8, S.513-527) 2

Kreft,F.: Zum Verhältnis von Aufopferungsansprüchen und Amtshaftungsansprüchen.(DÖV,1955,H.17/18, S.517-520) 2

Krüger,H.: Die Auflage als Instrument der Wirtschaftsverwaltung. (Fortsetzung u.Schluß aus H.14) (DVBl.,1955,H.16, S.518-524)

Laun,R.: Zwei Entscheidungen des Bundesverfassungsgerichts(Beamtenurteil,Soldatenurteil).(JIR,1954,Bd 4, S.138-165) 2

Laun,R.: Französische Stellungnahme zur französisch-deutschen doppelten Staatsangehörigkeit.(JIR,1954,Bd 4, S.137-165) 2

Kruse,H.: Atomenergierecht in Deutschland.(NJW,1955,H.28,S.1017-1018)

Küster,O.: Überleitungsvertrag und Wiedergutmachung.(NJW,1955, H.33, S.1217-1218) 4

Mayer,H.:Elternrecht,Schule und Kirche.(DVBl.,1955,H.18, S.581-589)

Menger,Ch.-F.: Zum staatlichen Rechtsschutz gegenüber kirchlichen Rechtshandlungen.Ein Beitrag zur Auslegung der Generalklauseln in Artikel 19 Abs.4 des Grundgesetzes und in den Verwaltungsprozeßordnungen.(MDR,1955,H.9, S.512-514)

Müller,H.: Und doch Einheit der Verwaltung auf der Kreisebene! Erwiderung zum Aufsatz von Anton Schmid im DÖV 1954,719 ff. (DÖV,1955,H.16, S.503-505)

Müller,K.: Der Loccumer evangelische Kirchenvertrag als Spiegel der staatskirchenrechtlichen Lage in der Bundesrepublik. (DÖV,1955,H.14, S.421-427)

Pabst:Der Entwurf eines Bundesleistungsgesetzes.(BB,1955,H.22, S.684-688)

Pagendarm,K.:Verhältnis von öffentlich-rechtlichen Entschädigungsansprüchen zu Amtshaftungsansprüchen im Hinblick auf § 839 Abs.1 Satz 2 BGB. (DÖV,1955,H.17/18, S.520-528) 2

Pietzonka:Die Widerklage im Verwaltungsprozeß.(NJW,1955,H.36, S.1306)

Potrykus,G.: Befugnisse der Jugendwohlfahrtsbehörden gegenüber Pflegekindern.(RdJ,1955,H.16, S.249-25o)

Pursch,E.R.: Über Rechte,Pflichten und Immunitäten der Nato-Streitkräfte in der Bundesrepublik.(Öff.D.,1955,H.8, S.143-147) 2

Radtke,H.: Haftung der Gemeinden für frühere Luftschutzmaßnahmen.(DÖV,1955,H.15, S.464-469) 9

Reinhardt,R.: Einige Grundgedanken über § 839 BGB und die Staatshaftung.(DÖV,1955,H.17/18, S.542-545) 9

Reuß,H.: Betätigung der Staatshoheit und Entschädigungsansprüche.(JR,1955,H.9, S.321-322) 9

Rewolle,H-D.: Das Personalvertretungsgesetz.(ArbuR,1955,H.9, S.269-275) 13

Der Richter im Entwurf eines ersten Beamtenrechtsrahmengesetzes.(DRiZ,1955,H.8, S.199) 7

Richter,R.: Die gesetzlichen Grundlagen der neuen Berliner Heimrichtlinien.(RdJ,1955,H.16, S.251-254)

Riggert,E.: Zivile und militärische Gewalt in Amerika.(Gew.Mon.H.,1955,H.8, S.5oo-5o2)

Roedenbeck,H.-Ch.: Die Entwicklung des öffentlichen Rechts in (West-)Berlin im ersten Halbjahr 1955.(DVBl.,1955,H.17,S.555-558)

Scheuner,U.: Probleme der staatlichen Schadenshaftung nach deutschem Recht.(DÖV,1955,H.17/18, S.545-55o) 9

Schneider,P.: Beamtenverantwortlichkeit und Staatshaftung im schweizerischen Recht.(DÖV,1955,H.17/18, S.539-542) 9

Schüle,A.: Oberbefehl,Personalausschuß,Staatsnotstand.Betrachtungen zur neuen Wehrordnung.(JZ,1955,H.15/16, S.465-469)

Schuler: Ursächlicher Zusammenhang und Verschulden bei Amtspflichtverletzungen.(MDR,1955,H.8, S.45o-453) 9

Schweiger,K.: Die Verwaltungsvereinfachung.(DÖV,1955,H.16, S.5oo-5o3)

Spanner,H.: Das österreichische Amtshaftungsrecht.(DVBl.,1955, H.17, S.545-548) 9

Sprenger,G.: Zweifelsfragen aus dem hessischen Gesetz über die Jugendwohlfahrtsbehörden (Teil 2).(RdJ,1955,H.16, S.254)

Steinert,H.: Die Bankenaufsicht als Problem des Verwaltungs rechts und der Verwaltungspraxis.(SCHM.JB.,1955,H.4, S.63-98) 4

Strachwitz,K.G.: Indonesien - eine Macht im Werden?(Int.Jb. Pol.,1955,H.2, S.176-179)

Thierfelder,H.: Die Entwicklung des öffentlichen Rechts im Land Baden-Württemberg im ersten Halbjahr 1955.(DVBl.,1955,H.16, S.526-528)

Thiesing,J.: Nachprüfbarkeit des Besatzungsrechts durch deutsche Gerichte.(NJW,1955,H.38, S.1385)

Tietgen,W.: Die Amtshaftung im System der Ersatzleistungen und des Rechtsschutzes.(DVBl.,1955,H.17, S.549-553) 9

Tischbein,H.: Nachprüfbarkeit des Besatzungsrechts durch deutsche Gerichte.(NJW,1955,H.32, S.1179-1181)

Titzck,R.: Zur Frage der Verfassungsmäßigkeit der polizeilichen Generalermächtigung zum Erlaß von Rechtsverordnungen.(DÖV,1955, H.15, S.453-456)

Tobler,A.: Inanspruchnahme von Privateigentum für die Versorgung der Stationierungstruppen.(NJW,1955,H.3o, S.1o92-1o96)

Neue Vereinigung der Verwaltungsrichter des Landes Hessen.(DÖV, 1955,H.15, S.471) 7

Wacke,G.: Verfassung und Polizeiverordnungen.(Entgegnung auf den Aufsatz von Titzck.)(DÖV,1955,H.15, S.456-46o)

Wilden,H.: Grundzüge des Bundesentschädigungsgesetzes.(BArbBl., 1955,H.15, S.621-626)

Willms,G.: Kunstvolles Gleichgewicht?Zur Problematik der Richterwahl beim Bundesverfassungsgericht.(NJW,1955,H.33, S.12o9-1211)

Wohlfahrt,E.: Zur Rechtswirkung besatzungsgerichtlicher Urteile. (JZ,1955,H.17, S.526-529) 5.9

Zur Nieden,H.: Der deutsche Beitrag zur Versorgung der in der Bundesrepublik stationierten Streitkräfte.(Öff.D.,1955,H.7, S. 121-123)

Zweigert,K.: Auswüchse des studentischen Korporationswesens und die Verwaltungsgerichte.(JZ,1955,H.17, S.533-535)

4.Finanz-,Steuer-und Preisrecht

Bank,B.: Die Stellung und Aufgabe der Rechnungshöfe im neuen deutschen Staatswesen.(ZSt.,1955,Bd 111,H.3, S.512-518)

Berthold,H.: Möglichkeiten und Grenzen konjunkturgerechter Finanzpolitik (Teil 1).(AG,1955,H.17, S.583-584)

Czimczik:Kreditgewinnabgabe und kapitalverkehrsteuerliche Begriffsbestimmungen.(RLA,1955,H.18, S.276-279)

Haegele: Die Lastenausgleichsabgaben im Grunderwerbsteuerrecht. (RLA,1955,H.18, S.273-276)

Hauck,J.: Westmächte und Bund halten über 4 Milliarden DM Steuergelder zurück.(Gem.u.Pol.,1955,H.6, S.42-47)

Köllner,L.: Notenbanken im Dienste staatlicher Beschäftigungsfinanzierung.(ZSt.,1955,Bd 111,H.3, S.473-511)

Meuschel,H.: Die Veranlagung der Lastenausgleichsabgaben.(BB, 1955,H.25, S.773-775)

Oswald:Nochmals: Haushaltsbesteuerung und Grundgesetz.(FamRZ, 1955,H.8/9,S.242-243)

Oswald,H.: Aus der Rechtsprechung des Bundesverwaltungsgerichts auf dem Gebiete des Lastenausgleichs.(NJW,1955,H.30, S.1096-1099)

Schaefer:Die vierte Lastenausgleichsnovelle.(RLA,1955,H.15, S.225-229)

Stegmaier,H.: Die steuerlichen und bilanzmäßigen Auswirkungen des Londoner Schuldenabkommens.(FR,1955,H.17/18, S.395-398)

Strickrodt,G.: Finanzverfassung - Verwirklichungsmöglichkeiten im System.(JZ,1955,H.15/16, S.469-479)

Tedesko,H,: Die Forderungen der Verbündeten des Deutschen Reiches gegen deutsche Schuldner nach dem Londoner Schuldenabkommen.(BB,1955,H.26, S.820-822)

Vogel,H.: Die neuen Doppelbesteuerungsabkommen mit Österreich. (B,1955,H.34, S.783-787)

5.Strafrecht,Strafprozeß

Abendroth,W.: Vorbereitung zum Hochverrat.(Zum BGH-Urt.v.4.Juni 55 gegen Angenfort u.Seiffert) (DJ,1955,H.4/5, S.119-120)

Bader,K.S.: Das Ermessen des Strafrichters.(JZ,1955,H.17,S.525-526)

Becker,K.: Bindung des Vorderrichters (§ 358 Abs.1 StPO) bei Verletzung der Vorlagepflicht durch das Revisionsgericht?(NJW, 1955,H.34/35, S.1262-1263)

Becker,W,: Englische Jugendprobleme (Teil 3.4.).(RdJ,1955,H.16, S.261-264; H.17, S.275-277)

Becker,W.: Zum Thema "Film und Jugendkriminalität".(Zbl.JugR, 1955,H.8, S.197-204)

Bohne:Nochmals: Bewährungshilfe in Schleswig-Holstein.(Zbl.JugR, 1955,H.8, S.204-206)

Busch,R.: Zum Verhältnis von uneidlicher Falschaussage und Meineid.(GAStr.,1955,H.9, S.257-265)

Dallinger,W.: Nochmals: Anrechnung der Untersuchungshaft bei Verurteilung zu Jugendstrafe von unbestimmter Dauer.(NJW,1955, H.27, S.980-981)

Dorochov,V.I.(Dorochow,W.J.): Die Rechtskraft des Urteils im sowjetischen Strafprozeß.(DJ,1955,H.4/5, S.125-129)

Dreher,E.: Die dritte Arbeitstagung der Großen Strafrechtskommission.(Ehrenstrafen,Tätergruppen,Erweiterung des Strafen-und Maßregelnsystems,Juristische Personen,Bedingte Verurteilung u. bedingte Entlassung)(ZStr.,1955,H.2, S.229-259)

Dreher,E.: Die vierte Arbeitstagung der Großen Strafrechtskommission 1.bis 4.Februar 1955.(Bericht)(ZStr.,1955,H.3,Bd.67, S.428-457)

Dreher: Aufgabe und Bedeutung der Strafrechtskommission des DRB. (DRiZ,1955,H.9, S.217-220)

Drost,:Das Ermessen des Strafrichters als Problem der Strafrechtsreform.(NJW,1955,H.34/35, S.1255-1258) 1

Dupont-Delestraint,P.: Die Strafgerichtsbarkeit in Frankreich (Die Garantien der persönlichen Freiheit vor dem Untersuchungsrichter).(DJ,1955,H.4/5, S.122-125) 2

Evers,H.-U.: Die Strafbarkeit des Richters wegen Anwendung unsittlicher Gesetze.(DRiZ,1955,H.8, S.187-190)

Fontes:Unterliegt die Vertretergebühr nach § 63 RAGebO im Kostenfestsetzungsverfahren gemäß § 464 Abs.2 StPO nicht der Nachprüfung durch den Urkundsbeamten und Richter?(NJW,1955,H.33, S.1220)

Glang:So geht es leider nicht!Ein Beitrag zur Bekämpfung unzüchtiger Schriften.(MDR,1955,H.8, S.456-457)

Händel,K.: Jugendliche Schatzgräber.Die Rechtsprechung zu § 5 des Gesetzes über den Verkehr mit unedlen Metallen.(RdJ,1955,H.18, S.292-294)

Hartung,F.: Doppelgleisige Steuerstrafrechtspflege? (NJW,1955, H.31, S.1129-1132) 4

Heldmann,H.H.: Die Todesstrafe in England.(ZStr.,1955,Bd.67,H.3, S.518-528)

Henkel:Internationaler Strafrechtskongreß in Rom(27.Sept.-3.Okt. 1953).(JIR,1954,Bd.4, S.212-215)

Herlan,W.: Aus der Rechtsprechung des Bundesgerichtshofes in Strafsachen.(MDR,1955,H.9, S.527-530)

Hoepner,H.: Die Angehörigeneigenschaft des § 52 Abs.2 StGB in ihrer Abhängigkeit vom Fortbestehen einer sie vermittelnden Ehe. (DRiZ,1955,H.9, S.215-217)

Kursus des British Council zum Thema "Jugendkriminalität".(DRiZ, 1955,H.8, S.200)

Köhler,H.: Die Beistandschaft der Ehegatten im Strafverfahren. (FamRZ,1955,H.8/9, S.239-241)

Koffka,E.: Welche Strafzumessungsregeln ergeben sich aus dem geltenden StGB? (JR,1955,H.9, S.322-325)

Kretschmer,E.: Familienhabe und Schadensbegriff in § 170 a StGB. (NJW,1955,H.37, S.1348-1349)

Kreutzer,P.: Zum Irrtum über normative Tatbestandsmerkmale. (NJW,1955,H.36, S.13o7-13o9)

Krummer,E.: Ermessensfreiheit oder gesetzliche Bindung des Richters bei der Verhängung der Strafe und sonstiger Unrechtsfolgen? (DRiZ,1955,H.9, S.2o8-212) 1

Kühler,H.: Zur Behandlung der sexuell Straffälligen im Ausland. (MschrKrim,1955,H.3/4, S.93-1o8)

Larenz,K.: Tatzurechnung und "Unterbrechung des Kausalzusammenhanges".(NJW,1955,H.28, S.1oo9-1o13) 9

Lindemann,B.: Vollstreckung der Abführung eines Mehrerlöses nach Tilgung der Strafe gemäß StrFreihG 1954.(NJW,1955,H.33, S.122o-1221)

Marcus,F.: Das dänische Kriminalgesetzbuch für Grönland (Rez.). (ZStr.,1955,Bd.67,H.2, S.323-343)

Mattern,G.: Die Rechtsprechung zum Steuerstraf- und-strafverfahrensrecht.(JZ,1955,H.18, S.577-579) 4

Mattern,G.: Verwaltungs- und gerichtliches Steuer-Strafverfahren. (ZStr.,1955,Bd.67,H.3, S.363-427) 4

Middendorff,W.: Jugendkriminalität und Schule (Teil 2.3.)(RdJ, 1955,H.16, S.26o-261; H.17, S.272-275)

Mittelbach,H.: Aus dem Gebiete der Bußgeldsachen.(DRiZ,1955,H.8, S.184-187)

Mittelbach,H.: Das Protokoll im Strafprozeß.(JR,1955,H.9, S.327-33o)

Müller,F.: Das Angenfort-Urteil - ein Menetekel.(DJ,1955,H.4/5, S.12o-122)

Pedrazzi,C.: Probleme der Strafrechtsreform in Italien.(ZStr., 1955,Bd 67,H.3, S.495-5o5)

Redelberger: Das Züchtigungsrecht des Lehrers.(NJW,1955,H.36, S.13o3-13o6)

Zur Änderung von Vorschriften des 3.Teils der RAO(Reichsabgabenordnung).(DRiZ,1955,H.8, S.197) 4

Milderung des § 4o4 Abs.1 RAO(Reichsabgabenordnung).(DRiZ,1955, H.8, S.199) 4

Röhl,H.: Die Anhörung des Beschwerdegegners im Strafprozeß. (MDR,1955,H.9, S.522-524)

Sauer,W.: Über die Rechtsvergleichung bei der Strafrechtsreform. (ZStr.,1955,H.2, S.35o-362)

Schmidhäuser:Strafrechtslehrertagung 1955 (Bericht).(JZ,1955, H.15/16,S.515)

Schmidt,E.: Vergeltung,Sühne und Spezialprävention.(ZStr.,1955, Bd.67,H.2, S.177-195)

Schmidt-Leichner: Verkehrsgefährdung und Fahrweise bei Trunkenheit am Steuer.Zugleich eine - ablehnende - Besprechung der Grundsatzentscheidung des 4.Senats des BGH vom 30.Juni 1955.(NJW,1955, H.36, S.1297-1300)

Schneider,E.: Die Rechtsprechung des BGH zum Verhältnis der §§ 153, 154 STGB.(NJW,1955,H.38, S.1386-1387)

Schneider,E.: Der abergläubische Versuch.(GAStr.,1955,H.9, S.265-268)

Schneidewin,K.: Beiträge zur Lehre vom Strafmaß insbes.zu § 51 Abs.2 StGB. (Anm.zu BGH-Urt.vom 10.Nov.1954).(JZ,1955,H.15/16, S.504-508)

Schumacher,R.: Sühneverfahren gegen Jugendliche (§ 380 StPO). (FamRZ,1955,H.8/9, S.242)

Spitaler,A.: Der Maßstab der Umwandlung für verhängte Geldstrafen in eine Ersatzfreiheitsstrafe nach dem Straffreiheitsgesetz 1954. (BB,1955,H.23, S.709-710)

Ansprache Sr.Heiligkeit des Papstes Pius XII.gelegentlich des Empfanges des Internationalen Strafrechtskongresses in Castel Gandolfo am 3.Oktober 1953.(JIR,1954,Bd.4, S.166-174)

Terstegen: Nochmals: Das Recht des Beschuldigten auf Beistand und Verteidiger im Steuer-Fahndungsverfahren.(NJW,1955,H.30, S.1100) 4

Verfassungsbeschwerde wegen Verletzung des § 308 Abs.1 StPO und des Art.103 Abs.1 GG. (DRiZ,1955,H.8, S.199)

Vianden-Grüter,H.: Verbotsirrtum als Strafausschließungsgrund? (NJW,1955,H.29, S.1057-1059)

Weber,H.von: Der Gang der Beweisaufnahme im englischen Strafprozeß.(ZStr.,1955,Bd.67,H.3, S.506-517)

Welzel,H.: Die Regelung von Vorsatz und Irrtum im Strafrecht als legislatorisches Problem.(ZStr.,1955,Bd.67,H.2, S.196-228)

Werner,R.: Zu den Aufgaben des Bewährungshelfers am Straffälligen. (RdJ,1955, H.16, S.257-260)

Werner,W.: Das Protokoll im Strafprozeß.(DRiZ,1955,H.8,S.180-184)

6.Kriminalistik,gerichtliche Medizin

Hadamik,W.: Die Wesenlosigkeit des Kleptomaniebegriffes.(MschrKrim,1955,H.3/4, S.83-93)

Sachs,J.: Zur Behandlung von kriminellen Psychopathen in Dänemark. (MschrKrim,1955,H.3/4, S.69-82)

7.Gerichtsverfassung (einschließlich Notariat und Anwaltschaft)

Arndt,H.: Probleme einer Wehrmachtgerichtsbarkeit.(NJW,1955,H.28, S.1013-1014) 3

Berger:Zulässigkeit der Überbesetzung der Kollegialgerichte mit Beisitzern.(NJW,1955,H.31, S.1138-1139)

Bohrer,E.R.: Nochmals: Um die Wehrmachtsgerichtsbarkeit.(NJW,1955, H.33, S.1221-1222) 3

Endt,F.vom: Zur staatsrechtlichen Stellung der Richter.(DRiZ, 1955,H.8, S.194)

Geib,E.: Stellungnahme der Innenministerkonferenz zum Entwurf eines Richtergesetzes.(DÖV,1955,H.15, S.469-471)

Es ist Aufgabe der Verwaltung,Haushaltswünsche der Gerichtsbarkeit dem Parlament vorzutragen.(DRiZ,1955,H.8, S.198) 4

Pensenschlüssel und Jugendgerichtsbarkeit.(DRiZ,1955,H.9, S.223)

Meyerhoff,W.: Dienstaufsicht. Ernennung von Richtern.Stellung der Gerichtspräsidenten.(DRiZ,1955,H.8, S.197-198) 3

Müller,G.: Gedanken zur Forderung nach der Einheit der Rechtspflege.(B,1955,H.20, S.473-477) 3

Richter im Parlament? (DRiZ,1955,H.9, S.222) 3

Richtergesetz (Notiz). (DRiZ,1955,H.8, S.200)

Besprechung über den Entwurf zum Richtergesetz im Bundesjustizministerium. (DRiZ,1955,H.9, S.225-226) 3

Sicherung der richterlichen Funktion eines der wichtigsten Anliegen jeder demokratischen Regierung.(DRiZ,1955,H.8, S.198) 3

Bundesverband der Deutschen Industrie für richterliche Selbstverwaltung und Rechtssprechungsministerien.(DRiZ,1955,H.8, S.198) 3

Einheit der Richterschaft. (DRiZ,1955,H.9, S.227)

Riedel,E.: Suprema lex - salus collegae! (Personalakteneinsicht und Qualifikation) (DRiZ,1955,H.8, S.195)

Schuhmacher:Eile mit Weile! Gedanken zur Besoldungslage.(DRiZ, 1955,H.9, S.221-222) 3

Einbeziehung der Staatsanwälte in das Richtergesetz.(DRiZ,1955, H.9, S.226)

Waas,I.: Zur Überlastung der Jugendrichter.(Zbl.JugR,1955,H.8, S.212-214)

8.Freiwillige Gerichtsbarkeit

Jacobi,H.: Kostenfragen in der Abwicklung der landwirtschaftlichen Entschuldung.(RdL,1955,H.7, S.180-182)

Keidel,Th.: Aus der Rechtsprechung zur Freiwilligen Gerichtsbarkeit.(JZ,1955,H.15/16, S.491-495)

Pikalo,A.: Das landwirtschaftsrechtliche Zuweisungsverfahren. (NJW,1955,H.32, S.1174-1177) 9

Richert;Th.Keidel: Auslagenvorschuß im Verfahren der Freiwilligen Gerichtsbarkeit.(DRiZ,1955,H.8, S.191-193)

Rietsch,F.: Örtliche Zuständigkeit des Vormundschaftsgerichtes im Verfahren nach dem Kindergeldgesetz.(NJW,1955,H.37, S.1349)

9.Zivilrecht,Zivilprozeß

Der Konsumentenkredit im Meinungsstreit.(Abzahlungsgeschäfte). (AG,1955,H.15/16, S.508-510)

Ascher,W.: Aufgaben des Gesetzgebers bei einer Neuordnung der Sicherungsgeschäfte des gewerblichen Kreditverkehrs.(DRiZ,1955, H.8, S.177-180) 4

Bauknecht:Eigentumsvorbehalt und Anwartschaftsrecht.(NJW,1955, H.34/35, S.1251-1255)

Bauknecht:Nochmals: Die Kostenregelung bei Streitgenossen.(NJW, 1955,H.36, S.1306-1307)

Bormann,H.: Das Erste Bundesmietengesetz.(ZMR,1955,H.9, S.257-265)

Bull:Schriftsätze nach der Verhandlung.(DRiZ,1955,H.9,S.220-221)

Dünnebier,H.: Der positive Vaterschaftsnachweis.(JZ,1955,H.15/16, S.487-488) 6

Um Sickerstellen und Hohlwege. (Eigentumsbildung der Arbeiter). (AG,1955,H.17, S.569-570) 13

Fey,W.: Der Wohnungsbau in der Bundesrepublik 1954 und seine Finanzierung.(Gem.Tag,1955,H.7/8, S.137-147)

Franke,H.: Eigentumsvorbehalt und Verarbeitung.(BB,1955,H.23, S.717-720)

Frantz:Nochmals: "Erbbiologische Ähnlichkeitsprüfungen durch den Richter".(NJW,1955,H.29, S.1019-1020)

Fritzen,A.: Ackernahrung als Begriff und Betriebsgröße.(RdL,1955, H.7, S.177-180)

Fröhlich,G.: Widerruf der Rechtsmittelrücknahme.(JR,1955,H.9, S.336-337)

Furtner,G.: Vorläufige Vollstreckbarkeit von Urteilen in Vollstreckungsabwehr- und Widerspruchsklagen.(DRiZ,1955,H.8, S.190-191)

Furtner,G.: Von welchem Zeitpunkt an kann der Gläubiger,der den Anspruch seines Schuldners auf Rückzahlung einer zur Abwendung der Zwangsvollstreckung geleisteten Sicherheit gepfändet hat, von der Hinterlegungsstelle Auszahlung verlangen?(NJW,1955,H.31, S.1139-1140)

Gamm,Frhr.von: Zur Zwangsvollstreckung aus Unterlassungsurteilen. (NJW,1955,H.37, S.1346-1347)

Glaser,H.: Haftung des Gastwirts für das Gepäck im Kraftwagen seines Hotelgastes.(JR,1955,H.9, S.334)

Görbing:Die Durchführungsverordnung zum Wohnungsbau-Prämiengesetz.(BB,1955,H.27, S.862-864) 4

Grund:Fortführung eines Offenbarungseidverfahrens durch einen anderen Gläubiger zwecks Ergänzung des geleisteten Eides? (MDR,1955,H.8, S.458-459)

Grund:Streitfragen zum Räumungsschutz.(NJW,1955,H.37, S.1344-1346)

Hans:Einzelfragen zum Bundesmietengesetz.(BB,1955,H.24, S.751)

Hense:Der "dringend" gebotene Pachtschutz nach dem Landpachtgesetz.(RdL,1955,H.7, S.182-183)

Hertz-Kleptow:Preisbindung und Zwangsversteigerung landwirtschaftlicher Grundstücke.(RdL,1955,H.8, S.205-206) 4

Hess:Verlängerter Eigentumsvorbehalt und Globalzession. Welchem Recht gebührt der Vorrang? (MDR,1955,H.9, S.525-527)

Hildebrandt,W.: Zulässigkeit und Wirkung von allgemeinen Geschäftsbedingungen.(JR,1955,H.9, S.325-327)

Hoff,J.: Die Feststellung des Tierhalters.Kritische Bemerkungen zur Rechtsprechung zu § 833 BGB.(AcP,1955,Bd.154,H.4, S.344-366)

Holtgrave,W.: Das Erste Bundesmietengesetz.(B,1955,H.32,S.745-748; H.33, S.769-772)

Klauss,H.: Sittenwidrige Teilzahlungszuschläge? (BB,1955,H.26, S.809-811)

Kleybolte:Durften die Justizverwaltungen die freie Wahl des Gerichtsvollziehers ausschließen? (NJW,1955,H.32, S.1169-1172)

Kleybolte:Recht gegen Unrecht. Ein Schlußwort.(NJW,1955,H.31, S.1140-1141)

Koebel:Allgemeines Persönlichkeitsrecht und Unterlassungsanspruch. (NJW,1955,H.37, S.1337-1339) 3

Lange,H.: Schenkungen an beschränkt Geschäftsfähige und § 1o7 BGB. (NJW,1955,H.37, S.1339-1343)

Lüke,G.: Der Inhalt des Pfändungspfandrechts.(JZ,1955,H.15/16, S.484-487)

Müller:Aufbaudarlehen für den Wohnungsbau. Kritische Betrachtungen zur Neufassung des § 254 Abs.3 LAG.(RLA,1955,H.16, S.247-249) 4

Müller,H.: Die Auswahl des Armenanwalts.(NJW,1955,H.32, S.1181)

Nastelski,K.: Zulässigkeit und Wirkung von allgemeinen Geschäftsbedingungen. (DRiZ,1955,H.9, S.212-215)

Nell-Breuning,O.von: Eigentumsbildung in Arbeiterhand.Eine Thesenfolge.(AG,1955,H.15/16,S.526-534) 13

Neumann-Duesberg:Negative Feststellungsklage des Schuldners und Leistungsklage des Gläubigers.(NJW,1955,H.33, S.1214-1217)

Nikisch,A.: Zur Lehre vom Streitgegenstand im Zivilprozeß.(AcP, 1955,Bd.154,H.4, S.271-299)

Oschmann,M.: Mitbenutzung öffentlich geförderten Wohnraumes zu gewerblichen und beruflichen Zwecken.(B,1955,H.35, S.818-82o)

Pietrusky,F.;A.Lauer: Der Beweiswert des Vaterschaftsausschlusses mit den Blutfaktoren C und c.(JZ,1955,H.15/16, S.488-49o) 6

Pursch,E.R.: Zur Frage des Mieterschutzes und des Kündigungsrechtes bei Mietwohnungen.(Öff,D.,1955,H.7, S.128-132)

Rode-Verschoor,I.H.Ph.de: Ist eine Regelung der großen Havarie im Luftrecht erwünscht? (ZHK,1955,Bd.118,H.3, S.131-134)

Roquette,H.: Reformen im Mietpreisrecht.(NJW,1955,H.38, S.1377-138o)

Schmidt,R.: Zur Diskussion um Eigentumsvorbehalt und Sicherungsübereignung.(MDR,1955,H.8, S.447-45o)

Schuler:Die Abfassung der Sitzungsniederschrift.(NJW,H.1955,H. 34/35, S.1258-1262)

Stückrath,W.: Zum Kostenerstattungsanspruch des Armenanwalts gegen die unterliegende Prozeßpartei.(NJW,1955,H.32, S.1181-1182)

Vasseur,M.: Die letzten Entwicklungen des Problems der Wertsicherungsklausel in Frankreich.(ZHK,1955,Bd.118,H.3, S.135-153)

Weitnauer,H.: Zum Ersten Bundesmietengesetz.(MDR,1955,H.9, S. 515-522)

1o.Handelsrecht,Wertpapierrecht,Urheber- u. Erfinderrecht

Vorschläge zur Unternehmens- insbesondere Aktienrechtsreform. (Studienkommission 41.Juristentag) (BB,1955,H.26, S.812-814)

Benisch,W.: Zur Problematik eines gesetzlichen Schutzes des Leistungswettbewerbs.(WuW,1955,H.7/8,S.421-441)

Benkard,G.: Anwendung und Auslegung des Gesetzes Nr.8 der Alliierten Hohen Kommission in der Rechtsprechung.(GRUR,1966,H.8/9, S.361-368)

Benkard,G.: Die neuere Rechtsprechung des Bundesgerichtshofs zum gewerblichen Rechtsschutz.(NJW,1955,H.31, S.1134-1138)

Beuck,W.: Handels- und steuerrechtliche Lage der ostenteigneten Unternehmen vor und nach Sitzverlegung in die Bundesrepublik. (B,1955,H.36, S.829-832) 4

Bindels: Die Wirksamkeit der Allgemeinen Deutschen Spediteur-Bedingungen (ADSp.).(NJW,1955,H.31, S.1132-1134)

Brandt,R.: Verschenken von Originalware zur Erprobung.(GRUR,1955, H.7, S.327-331)

Capelle:Zur Preisbindung zweiter Hand.(BB,1955,H.25, S.781-784)

Dersin,H.: Aktuelle Probleme der Rechtsprechung in Patentsachen. (GRUR,1955,H.7, S.311-322)

Féblot,J.: Die Freigabe der deutschen Handelsmarken in Frankreich. (NJW,1955,H.27, S.977-978)

Freese,B.: Die Beschlußfähigkeit des beteiligungspflichtigen Aufsichtsrates.(ZHK,1955,H.3, S.85-13o)

Fritze,U.: Zum Widerstreit zwischen älterem Firmenrecht und jüngerem Warenzeichenrecht,insbes.zur Bedeutung des § 16 WZG. (NJW,1955,H.27, S.979-98o)

Zur Freigabe deutscher gewerblicher Schutzrechte und Urheberrechte in den USA.(BB,1955,H.22, S.681-682)

Ganssmüller:Erwerb von Wandelschuldverschreibungen durch die ausgebende Aktiengesellschaft und abhängige Unternehmen.(B,1955, H.37, S.865-867)

Günther,E.: Der Kartellplan der deutschen Filmwirtschaft.(WuW, 1955,H.7/8, S.481-487)

Haering,H.G.C.: Lebhafte Kartelldiskussion in Großbritannien. (WuW,1955,H.7/8, S.457-463)

Heim,W.: Die Bedeutung des Frachtbriefdoppels im Eisenbahngüterverkehr.(B,1955,H.34, S.793-794)

Hörstel,R.: Ist die Einschaltung des Kunden oder des Publikums als Werber unlauterer Wettbewerb? (WuW,1955,H.7/8,S.5o3-5o6)

Hübener,J.: Rechtsfragen des Luftfrachtverkehrs.(BB,1955,H.23, S.710-712)

Der Wissenschaftliche Beirat beim BWM zum Kartellproblem. (WuW, 1955,H.7/8, S.488-491)

Lindenmaier: Zur Höhe der Lizenzgebühr als Entschädigung für Patentverletzung.(GRUR,1955,H.8/9, S.359-360)

Müller-Erzbach,R.: Das Erfassen des Rechts aus den Elementen des Zusammenlebens,veranschaulicht am Gesellschaftsrecht.(AcP,1955, Bd.154,H.4, S.299-343) 1

Neumann-Duesberg,H.: Ansprüche aus Urheberrechtsverletzungen.(JZ, 1955,H.15/16, S.480-484)

Neumeyer,F.: Neuere Kartellpolitik in Skandinavien (Schweden, Dänemark,Norwegen und Finnland).(WuW,1955,H.7/8,S.464-471)

Oppenheim,S.Ch.: Der Bericht des Nationalen Komitees zum Studium der Antitrustgesetze (Teil 1).(WuW,1955,H.7/8, S.442-457)

Paterna,E.: Gewerblicher Rechtsschutz. Entscheidungen.(MDR,1955, H.8, S.459-462)

Philipp,G.: Zum Urteil des Gerichtshofes der Montan-Union vom 18.März 1955 zu den Höchstpreisentscheidungen der Hohen Behörde vom 20.März 1954.(NJW,1955,H.29, S.1059-1060)

Pollems,H.: Verwendung der Bezeichnung "Bank" oder "Bankier"in der Firma.(BB,1955,H.22, S.677-679)

Richter, B.: Erfahrungen bei der Bearbeitung und Prüfung von Warenzeichenanmeldungen beim Deutschen Patentamt.(GRUR,1955,H. 8/9, S.368-376)

Schippel,H.: Die Berechtigung zur Erhebung der Nichtigkeitsklage im Patentrecht und ihre Beschränkung durch Lizenzverträge.(GRUR, 1955,H.7, S.322-327)

Seydel,H.: Bindung von Geschäftsbedingungen,insbesondere von Teilzahlungsbedingungen.(B,1955,H.36, S.841-843)

Simson,W.von: Kartelle und Zusammenschlüsse in der Montanunion. Zur bisherigen Praxis der Hohen Behörde.(WuW,1955,H.7/8,S.401-421)

Wolff,H.-J.: Zur Frage der rechtlichen Beachtlichkeit der Qualitätsmängel des Tonfilms.(GRUR,1955,H.8/9, S.377-385)

11.Familienrecht

Alebrand,H.: Die Errungenschaftsgemeinschaft in der Reform des ehelichen Güterrechts.(JZ,1955,H.18, S.573-575)

Arnold,E.: Wird die Familienrechtsreform gelingen? (FamRZ,1955, H.8/9, S.225)

Finke: Zum Entwurf eines Gesetzes zur Vereinheitlichung und Änderung familienrechtlicher Vorschriften.(FamRZ,1955,H.8/9,S.238)

Firsching:Der gesetzliche Güterstand.(NJW,1955,H.32,S.1172-1174)

Gross,W.: Das Ende des Besatzungsregimes und die Gleichberechtigung der Geschlechter.(FamRZ,1955,H.8/9, S.226) 3

Hedemann,W.: Die Nichtehelichen. Zur Reform des Unehelichenrechts. (FamRZ,1955,H.8/9, S.226-231)

Kremer,B.: Erlangt das uneheliche Kind der Ehefrau bei Adoption durch ihren Ehemann die rechtliche Stellung eines gemeinschaftlichen ehelichen Kindes? (FamRZ,1955,H.8/9, S.238-239)

Marloh,F.: Probleme der "formalen"Ehe.(FamRZ,1955,H.8/9, S.236-237)

Müller: Zur Adoption deutscher Kinder in den USA.(NJW,1955,H.29, S.1o61) 12

Piegler,J.: Die "wilde Ehe" im österreichischen Zivilrecht.(FamRZ, 1955,H.8/9, S.243-246)

Roth-Stielow,K.: Der einmalige Sonderbedarf des unehelichen Kindes.(FamRZ,1955,H.8/9, S.231-232)

Zur Klage des außerehelichen Kindes auf Erhöhung des Unterhalts. (Zbl.JugR,1955,H.8, S.2o6-21o)

Varrentrapp: Zur Haftung der Eltern für den Unterhaltsanspruch ihres Kindes.(NJW,1955,H.33, S.1218-1219)

Weber,R.: Der Umfang der Rechtskraft bei Abänderungs- und Nachforderungsklagen.(FamRZ,1955,H.8/9, S.232-236)

12.Internationales Privatrecht

Mann,F.A.: Die Urkunde ausländischer,insbesondere englischer Notare und der deutsche Rechtsverkehr.(NJW,1955,H.32, S.1177-1179)

Schwenn,H.: Die internationale Anerkennung von Ehescheidungen. (JZ,1955,H.18, S.565-571) 11

Seidl-Hohenveldern,I.: Feindhandelsverbote im Internationalen Privatrecht.(JIR,1954,Bd.4, S.63-7o)

13.Arbeitsrecht (einschließlich Verfahren)

Die wichtigsten Bestimmungen des neuen Abkommens zwischen Ford und der Vereinigten Automobilarbeitergewerkschaft (UAW).(Int.Arb. Mtlgn.,1955,H.14, S.1-9)

Antoni: Zur Zwischenbilanz des Beirats für die Neuordnung der sozialen Leistungen.(BArbBl.,1955,H.14, S.552-561)

Um die Arbeitnehmererfindung.(AG,1955,H.15/16, S.514-516) 1o

125 Arbeitsgerichte erledigten 7o7 196 Klagen.(DRiZ,1955,H.8, S.199)

Das Arbeitsverhältnis bei freiwilliger Meldung zu den Streitkräften.(BB,1955,H.22, S.7oo-7o1)

Arning,G.: Arbeitsverhältnis und Pflichtversicherung als Voraussetzungen des Anspruchs auf Leistungen nach § 13 des Mutterschutzgesetzes.(BArbBl.,1955,H.16, S.682-685)

Bekemeier,H.: Berufsständische Sonderleistungen der knappschaftlichen Rentenversicherung.(ASP,1955,H.8, S.247-249)

Birk:Zur Ersatzwahl der Arbeitnehmervertreter im Aufsichtsrat. Eine Übersicht über den Stand der Diskussion.(AG,1955,H.17, S.594)

Blohm:Schadenersatz bei Druckkündigung.(RdA,1955,H.7/8, S.3o3-3o4)

Böhme,K.E.: Arbeitsunfälle bei Teilnahme am öffentlichen Verkehr und Haftung des Arbeitgebers.(B,1955,H.35, S.825-826)

Bührig,E.: Zum Begriff und Wesen des Arbeitsrechts.(ArbuR,1955, H.8, S.225-23o)

Bührig,E.: Der Kündigungsschutz der nicht vom Kündigungsschutzgesetz erfaßten Arbeitnehmer.(RdA,1955,H.7/8, S.265-267)

Geschäftsordnung des Bundesarbeitsgerichts.(RdA,1955,H.7/8, S. 286-287)

Danert,G.: Einige betriebswirtschaftliche Gesichtspunkte zur 4o-Stunden-Woche.(B,1955,H.29, S.67o-671)

Aktionsprogramm des Deutschen Gewerkschaftsbundes.(RdA,1955,H. 7/8, S.287-289)

Stellungnahme der Bundesvereinigung der Deutschen Arbeitgeberverbände zum DGB-Aktionsprogramm. (RdA,1955,H.7/8, S.289-29o)

Dietz,R.: Das Monopol der Sozialpartner und die Betriebsvereinbarung.(RdA,1955,H.7/8, S.241-244)

Dockhorn,R.: Die Anfechtbarkeit von Schiedssprüchen nach dem Arbeitsgerichtsgesetz vom 2.Sept.1953.(AG,1955,H.18, S.632-634)

Eichler,W.: Der Einfluß von Tariferhöhungen auf Akkordlöhne.(RdA, 1955,H.7/8, S.263-265)

Ernst,H.: Die Sozialpolitik der Westeuropäischen Union.(BArbBl., 1955,H.16, S.65o-652) 3

Faine,H.R.: Die Gewerkschaft der amerikanischen Musikschaffenden (AGMA).(Int.Arb.Mtlgn.,1955,H.17, S.5-7)

Fehrs,D.: Streiks und Aussperrungen in der Bundesrepublik Deutschland in den Jahren 1949 bis 195o.(BArbBl.,1955,H.15, S.627-628)

Fischer,K.: Probleme der Revision nach dem Sozialgerichtsgesetz. (NJW,1955,H.34/35, S.1264-1266)

Fitting,K.: Personalvertretungsgesetz und Betriebsverfassungsgesetz.(BB,1955,H.24, S.741-744)

Frey,E.: Aussperrung und Wiederbeschäftigung.(ArbuR,1955,H.8, S.231-236)

Frey,E.: Ph.Hessel, Das Bundesarbeitsgericht zum Arbeitskampfrecht.Der Beschluß des Großen Senats vom 28.Januar 1955. Stuttgart.1955.(Rez.)(ArbuR,1955,H.9, S.282-283)

Frey,E.: J.H.Kaiser,Der politische Streik.München,Berlin 1955. (Rez.)(ArbuR,1955,H.8, S.247-249)

Frey,E.: Der neue Manteltarif für das graphische Gewerbe.(RdA, 1955,H.7/8, S.267-270)

Galperin,H.: Die betriebliche Ordnung.(RdA,1955,H.7/8, S.260-263)

Tagung der Gesellschaft für Sozialen Fortschritt e.V. (Bericht). (RdA,1955,H.7/8, S.284-285)

Zusammenarbeit von Gewerkschaft und Betriebsleitung in der Stahlindustrie (USA).(Int.Arb.Mtlgn.,1955,H.16, S.6-7)

Steigende Zahl von Gewinnbeteiligungsplänen in der US-Industrie. (Int.Arb.Mtlgn.,1955,H.16, S.9-11)

Görner: Die Einwirkung einer Betriebsvereinbarung auf bestehende Arbeitsverhältnisse.(B,1955,H.29, S.689-691)

Gross,H.: Lohnzahlung an Schwerbeschädigte bei Betriebsstillegung und bei Krankheit.(ArbuR,1955,H.9, S.275-279)

Harris,S.E.: Die Probleme des garantierten Jahreslohnes.(Int.Arb. Mtlgn.,1955,H.12, S.4-8)

Heimann,E.: Die Bestrafung juristischer Personen.Arbeitsschutz und Strafrechtsreform.(AG,1955,H.15/16, S.550-552)

Heinze:Die Statistik des Verbandes Deutscher Rentenversicherungsträger. Ein Grundstein für die Bilanz der Rentenversicherung (Teil 2).(ASP,1955,H.8, S.240-242)

Herschel,W.: Arbeitsschutz im sozialen Rechtsstaat.(BArbBl.,1955, H.14, S.571-583)

Herschel,W.: Bestandsschutz und Verschuldensprinzip im Kündigungsschutz.(BB,1955,H.25, S.804-807)

Hinterdobler,A.: Gleichbehandlung bei Wiedereinstellung nach Streik? (BB,1955,H.25, S.799)

Hoeniger,H.: Die sogenannte Abwehraussperrung.(BB,1955,H.22, S. 704-707)

Hueck,A.: Fortzahlung des Lohnes bei Erkrankung.(RdA,1955,H.7/8, S.291)

Hueck,G.: Grenzen der anspruchsbegründenden Wirkung der betrieblichen Übung.(BB,1955,H.25, S.8oo-8o1)

Jadeson,S.: Probleme des internationalen Arbeitsrechts.(RdA,1955, H.7/8, S.252-256)

Jantz,K.: Zum Gesetz über Kassenarztrecht.(BArbBl.,1955,H.17, S.744-748)

Die 38.Tagung der Internationalen Arbeitskonferenz.(ILO) (BArbBl., 1955,H.16, S.653-672; H.17, S.754-772)

Kampschulte:Aufgaben- und Persönlichkeitswertung als Grundlage für die Verteilung einer Gemeinschafts-Erfolgsrate.(B,1955,H.36, S.849-85o)

Klug,U.: Auswirkungen der strafrechtlichen finalen Handlungslehre im Arbeitsrecht.(Zur BAG-Rechtsprechung zu § 66 BVG).(BB,1955, H.23, S.737-739) 5

Die Entwicklung der Krankenversicherung in den Vereinigten Staaten.(ASP,1955,H.8, S.243-245)

Krüger,H.: Ein Jahr Bundesarbeitsgericht.(RdA,1955,H.7/8, S.244-252)

Krüger,H.: Die Rechtsprechung des BAG zum Kündigungsschutzgesetz. (NJW,1955,H.29, S.1o49-1o54)

Küchenhoff,G.: Fristkündigung von Betriebsratsmitgliedern? (RdA, 1955,H.7/8, S.256-259)

Loesch,A.v.: Quellen der Gewinnbeteiligung.(Gew.Mon.H.,1955,H.8, S.484-489)

Frankreich: Das Lohnsystem. und seine Praxis.(AG,1955,H.18, S.63o-631)

Meinert,H.: Zur Frage der Zulässigkeit von Torkontrollen.(AG, 1955,H.18, S.634-635)

Meissinger,H.: Streik und Arbeitsvertrag.(NJW,1955,H.27, S.972-975)

Oehmann,W.: Gruppenstreit um den Betriebsratsvorsitz.(B,1955, H.33, S.777-778)

Orr,C.F.: Amerikanische Automobilarbeitergewerkschaft erweitert Tarifverträge.(Int.Arb.Mtlgn.,1955,H.18, S.1-3)

Popp,L.G.: Zur Geschäftsführung der betrieblichen Jugendvertretung.(ArbuR,1955,H.9, S.28o-282)

Prange,P.: Die Verbände der gesetzlichen Krankenkassen und der Ersatzkassen.(BArbBl.,1955,H.17, S.748-751)

Rappenecker: Beschäftigungsverbote und Leistungsverpflichtungen nach dem Mutterschutzgesetz.(B,1955,H.37, S.872-874)

Rehhahn,H.: Produktivität,Arbeitsintensität und Lohn.(Gew.Mon.H.,1955,H.8, S.489-493)

Reinicke,G.und D.: Die Auslegungsgrundsätze des Bundesarbeitsgerichts.(NJW,1955,H.38, S.138o-1385)

Reuther,W.P.: Der garantierte Jahreslohn.(Gew.Mon.H.,1955,H.9, S.544-549)

Rewolle,H.D.: Betriebsratsneuwahl wegen Fehlens von Ersatzmännern auf einer Liste.(B,1955,H.2o, S.481-482)

Rewolle,H.-D.: Werkswohnungen.(B,1955,H.38, S.896-898) 9

Sahmer,H.: Das Freiwilligengesetz (betr.arbeitsrechtliche Bestimmungen).(BArbBl.,1955,H.15, S.62o-621) 3

Sahmer,H.: Der Regierungsentwurf eines Eignungsübungsgesetzes (betr.arbeitsrechtliche Bestimmungen).(BArbBl ,1955,H.15,S.615-62o) 3

Savaète,E.: Treu und Glauben im Arbeitsrecht.(ArbuR,1955,H.9, S.263-269)

Schelp,G.: Die arbeitsrechtlichen Vorschriften im Freiwilligengesetz.(ArbuR,1955,H.8, S.242-245)

Schlichtungsvereinbarung in der Ernährungsindustrie.(AG,1955, H.15/16, S.516)

Schlichtungsvereinbarung in der Metallindustrie.(RdA,1955,H.7/8, S.3o1-3o2)

Schossau,G.: Der Kinderzuschuß zur Invalidenrente.(ASP,1955,H.8, S.249-253)

Schregle:Ergebnisse der 38.Tagung der Internationalen Arbeitskonferenz.(RdA,1955,H.7/8, S.282-283)

Schregle,J.: Die Ergebnisse der 38.Tagung der Internationalen Arbeitskonferenz.(1.-23.Juni 1955 in Genf) (ArbuR,1955,H.8, S.245-246)

Schroeter,K.: Neuordnung des Rechtes der Krankenkassenverbände und der Kassenärzte.(BB,1955,H.24, S.77o-771)

Siebert,W.: Unternehmerrisiko,betriebliche Übung und Arbeitsvertrag.(BB,1955,H.27, S.869-871)

Sommer,H.: Betriebliche Lehrlingskurse und Arbeitszeit.(BB,1955, H.27, S.867-868)

Krankenversicherung nicht ohne Selbstbeteiligung der Versicherten (Sozialreform).(AG,1955,H.15/16, S.552-554)

Neuordnung der sozialen Leistungen.Ergebnisse der Arbeitstagung des Beirats für die Neuordnung der sozialen Leistungen vom 2.bis 4.Juni 1955 in Königswinter (Sozialreform).(BArbBl.,1955,H.14, S.539-542)

Splettstösser,B.: Die Aufgaben der Berufsschule an der jugendlichen Hilfsarbeiterin.(BArbBl.,1955,H.15, S.609-613)

Stanzl,G.: Die Rechtsprechung des österreichischen Obersten Gerichtshofes zum Arbeitsrecht im Jahre 1954.(RdA,1955,H.7/8, S.274-281)

Stets,W.: Die Bedeutung der Berufsberatung für die Berufsausbildung und für die Produktivität der Wirtschaft.(BArbBl.,1955,H.17, S.738-744)

Stets,W.: Ein italienisches Berufsausbildungsgesetz.(BArbBl., 1955,H.15, S.614-615)

Streik und öffentliche Ordnung.(AG,1955,H.18, S.613-614)

Selbstbesinnung englischer Gewerkschaftsführer (Beschränkung des Streikrechts).(AG,1955,H.17, S.580-582)

Tarifverhandlungen in Israel.(Int.Arb.Mtlgn.,1955,H.13, S.4-6)

Tietz,G.: Die zusätzliche Alters- und Hinterbliebenenversorgung der Angestellten und Arbeiter des Bundes.(ASP,1955,H.8, S.253-257)

Trieschmann,G.: Lohnzahlung bei Dienstleistungsverhinderung des Arbeitnehmers im Falle des § 616 BGB.(B,1955,H.34, S.800-801)

Trieschmann,G.: Umdeutung der außerordentlichen Kündigung in eine ordentliche Kündigung.(BB,1955,H.26, S.837-839)

Wagner,J.: Die Höhe des Urlaubsentgelts in der Seeschiffahrt. (RdA,1955,H.7/8, S.271-274)

Weil,R.: Feiertage und Lohnzahlungspflicht im Ausland.(AG,1955, H.18, S.627-629)

Wilden, H.: Die Verpflichtung des Arbeitgebers zur Wiedereinstellung des verfolgten Arbeitnehmers.(B,1955,H.26, S.629-630) 3

Wistinghausen,R.von: Für freie Wahl eines Arbeitsplatzes.(RdA, 1955,H.7/8, S.299-300)

Wittholz,J.: Einfluß der Nichtigkeit einer Lohnabschlagsklausel für Frauen auf die übrigen Bestimmungen des Tarifvertrages. (ArbuR,1955,H.8, S.246-247)

Wopperer,A.: Sozialreform und Selbsthilfe (Teil 2).(Gem.u.Pol., 1955,H.6, S.15-22)

14.Juristische Ausbildungs-und Prüfungsfragen

Altmann,H.: Allgemeinbildung und Jurisprudenz.(JZ,1955,H.17, S.535-539)

Felix,G.: Ein kleines Sofortprogramm zur Reform des juristischen Studiums.(MDR,1955,H.8, S.457-458)

Peters:Konferenz der Dekane der Rechtswiss.und Rechts- und Staatswiss. Fakultäten der Bundesrepublik.(JR,1955,H.9, S.338)

Prost,G.: Der "Wirtschaftsjurist"-ein neuer Beruf? (JZ,1955, H.15/16, S.49o-491)

Redeker,K.: Bemerkungen zur Referendarausbildung.(JZ,1955,H.18, S.575-576)

Schneider,E.: Studienreform und Verminderung des Rechtsstoffes. (NJW,1955,H.3o, S.11o1)

15.Sonstiges

Reschke,H.: Die Tagung des internationalen Instituts für Verwaltungswissenschaften in Oxford vom 1o.-15.Juli 1955.(Bericht) (DVBl.,1955,H.18, S.592-593)

Hoffmeyer,V.: Salzburg Seminar in American Studies.(JZ,1955,H.17, S.557)

Kränzlin, F.: Sechste Jahrestagung der Studiengesellschaft für privatrechtliche Auslandsinteressen.(2.-4.Juni 1955 in Bad Homburg;Bericht) (NJW,1955,H.33, S.1222)

C. 3.(13.) VERZEICHNIS DER NEUERWERBUNGEN DER BIBLIOTHEK DES DEUTSCHEN INSTITUTS FÜR RECHTSWISSENSCHAFT 1)

I. ALLGEMEINES

1. Allgemeine und bibliographische Nachschlagewerke, Wörterbücher, Buch- und Bibliothekswesen

Berber, H.: Literaturverzeichnis der politischen Wissenschaften. 1954. München 1954. 183 S. II Ea 11308

Amtliches Handbuch des Deutschen Bundestages. 2. Wahlperiode 1953. Darmstadt 1954. 679 S. II Ea 11158

Jahn, M.: Bibliographie zur Vor- und Frühgeschichte Mitteldeutschlands. Berlin 1955. 162 S. I Eb 260

Kroes, H.W.J.: Duits Handwoordenboek. T.1.2. Den Haag 1951/52. T.1: 1098 S. T.2: 1024 S. V Ea 11173

Kunze, H.: Wege zum wissenschaftlichen Buch. 2. erw. Aufl. Berlin 1955. 39 S. I Ea 11268

Manuel de l'organisation des Nations Unies et des institutions specialisées. Publ. par le Departement de l'Information des Nations Unies. Nations Unies 1949. 271 S. V Ea 10623

Raum und Bevölkerung in der Weltgeschichte. Bd 2, T.2.3. Würzburg 1955. 404 S. II Ea 11230

Bibliographie zur sozialen Reform. Frankfurt 1955. 104 S. II Ea 11231

Stampfer, F.: Grundbegriffe der Politik. 3. Aufl. Hannover 1954. 198 S. II Ea 10429

Theimer, W.: Lexikon der Politik. Politische Begriffe, Namen, Systeme, Gedanken und Probleme aller Länder. 4. neubearb. Aufl. Hamburg 1947. 701 S. II Ea 11123

Ten Years of United Nations publications 1945 to 1955. A complete catalogue. New York 1955. 271 S. V Ea 11399

1) Die hier angezeigte Literatur ist gemäß der Benutzungsordnung der Bibliothek des Deutschen Instituts für Rechtswissenschaft für die Mitglieder des Deutschen Instituts für Rechtswissenschaft, Ministerien und zentrale Institutionen der Deutschen Demokratischen Republik und nach der Leihverkehrsordnung der Bibliotheken ausleihfähig. - Verzeichnis 1 - 10 ist enthalten im Mitteilungsblatt des Deutschen Instituts für Rechtswissenschaft 1953, Nr.1 - 1955, Nr.3.

(Bericht über die Tätigkeit der Universität Helsinki.Für das Studienjahr 1951-1952,finn.:) Kertomus Helsingin yliopiston toiminnasta.Lukuvuonna 1951-1952.Laatinut Y.Rehtori. Helsinki 1953. 195 S. V Ea 7690

Hamburgisches Welt-Wirtschafts-Archiv.Auslandskunde.Literaturnachweis über die Gebiete der Wirtschaft,Politik,Recht und Technik. Länder-Abt.Nr. 4: Schweden. Hamburg 1954. 101 S. II Eb 267

Russisch-Deutsches Wörterbuch.Unter der Red.von H.H.Bielfeldt. Leipzig 1955. 372 S. I Ea 10917

2.Biographien

Bredel,W.;M.Tschesno-Hell: Ernst Thälmann.Führer seiner Klasse. Literarisches Szenarium. Berlin 1955. 168 S. I Ea 11301

Kresta,J.:(Heldenmütige Patrioten,tschech.:)Vlastenci hrdinové. Prag 1954. 102 S. IV Ea 10474

Kunkel,W.;K.Larenz; K.Ballerstedt: Gerhard Dulckeit als Rechtshistoriker,Rechtsphilosoph und Rechtsdogmatiker. Reden zu seinem Gedächtnis. Kiel 1955. 59 S. II Ea 11163

Gedächtnisschrift für Prof.Dr.Ernst Landsberg (1860-1927), Frau Anna Landsberg geb.Silverberg (1878-1938),Dr.Paul Ludwig Landsberg (1901-1944).Hrsg.von d.Rechts-u.Staatswiss.Fakultät d.Univ.Bonn. Bonn 1953. 11 S. II Ea 12478

Nawiasky,H.: Max von Seydel. München 1954. 15 S. II Ea 11118

Österreichische Rechts- und Staatswissenschaften der Gegenwart in Selbstdarstellungen. Hrsg.v.N.Grass. Innsbruck 1952. 272 S. V Ea 10450

Ernst Thälmann.Bilder und Dokumente aus seinem Leben.Mit e. Vorwort v.H.Matern. Hrsg.v.Marx-Engels-Lenin-Stalin-Institut beim ZK der SED. Berlin 1955. 254 S. I Eb 255

3.Werke von und über Marx,Engels,Lenin,Stalin.-Marxismus-Leninismus allgemein.

Budzyńska, C.:(Kritik und Selbstkritik,poln.:) Krytyka i samokrytyka. Warschau 1954. 52 S. IV Ea 10760

Červenkov,V.:(Rechenschaftsbericht des ZK der Bulgarischen K.P.an den VI.Parteitag,russ.:) Otčet̆en doklad na central-nija komitet na BKP pred VI kongres na partijata. Sofia 1954. 151 S. IV Ea 7517

Červenkov,V.:(Über einige aktuelle Fragen unserer Agitation auf dem Lande, russ.:) O nekotorych nasuščnych voprosach našej agitacii v derevne. Sofia 1951. 42 S. IV Ea 7242

Chilanti,F.: Giuseppe di Vittorio - ein Sohn der Arbeiterklasse. (Aus dem Ital.übers.) Berlin 1955. 71 S. I Ea 10865

Engels,F.: Die Entwicklung des Sozialismus von der Utopie zur Wissenschaft. Anh.: Die Mark. Berlin 1955. 131 S. I Ea 11o12

Ferrara,M.M.:(Im Gespräch mit Togliatti,russ.:) Beseduja s Tol'jatti.(Aus dem Ital.übers.) Moskau 1954. 289 S. III Ea 1o733

Garaudy,R.:(Fragen zur marxistisch-leninistischen Erkenntnistheorie,russ.:) Voprosy marksistsko-leninskoj teorii poznanija. (Aus dem Französ.übers.) Moskau 1955, 258 S. III Ea 1o92o

Georgiev,G.:(Ausgewählte Werke,bulg.:) Izbrani proizvedenija. Sofia 1953. 537 S. IV Ea 1oo73

Gottwald,K.:(Mit der Sowjetunion für ewige Zeiten,tschech.:) Se Sovětským svazem na věčne časy. Prag 1954. 193 S. IV Ea 1o195

Lenin,V.I.;J.V.Stalin: Zu Fragen der sozialistischen Industrie. Eine Sammlung ausgewählter Aufsätze u.Reden.Besorgt vom Marx-Engels-Lenin-Stalin-Institut beim ZK der SED.Berlin 1955.691 S. I Ea 113o2

Lenin,V.I.;J.V.Stalin:Zu Fragen der Landwirtschaft. Eine Sammlung ausgewählter Aufsätze u.Reden.Besorgt vom Marx-Engels-Lenin-Stalin-Institut beim ZK der SED. Berlin 1955. 474 S. I Ea 11oo3

Lenin,V.I.:(Der 3.Kongress der RSDRP.Sammlung von Werken u. Dokumenten,russ.:) Tretnî s-ezd RSDRP.Sbornik proizvedeni i dokumentov. Moskau 1955. 468 S. III Ea 11o78

Lenin,V.I.: Marx-Engels-Marxismus.(Aus dem Russ.übers.) Moskau (um 195o). 7o8 S. III Ea 113o4

Lenin,V.I.: Sozialismus und Krieg.(Stellung der SDAPR zum Krieg.)(Aus d.Russ.übers.) 3.Aufl. Berlin 1955. 64 S. I Ea 1o989

Lenin,V.I.:(Leo Tolstoi als Spiegelbild der russischen Revolution.-L.N.Tolstoi,russ.:) Lev Tolstoj kak zerkalo russkoj revoljucii.-L.N.Tolstoj. Moskau 1954. 32 S. III Ea 1oo68

Litwin,J.:(Beitrag zur Genese des historischen Materialismus, poln.:) Przyczynek do genezy materializmu historycznego. Warschau 1953. 115 S. IV Ea 1o7oo

Marx,K.: Über China.Das Eindringen des englischen Kapitalismus in China. Besorgt vom Marx-Engels-Lenin-Stalin-Institut beim ZK der SED. Berlin 1955. 156 S. I Ea 11ooo

Maślińska,N.:(Über die kommunistische Moral,poln.:) O moralnścik komunistycznej. Warschau 1953. 112 S. IV Ea 1o476

Mende,G.: Karl Marx'Entwicklung vom revolutionären Demokraten zum Kommunisten. 2.Aufl. Berlin 1955. 119 S. I Ea 11142

Petrov,S.M.:(Die Geschichte der KPdSU - Marxismus-Leninismus in Tätigkeit,russ.:) Istorija kommunističeskoj partii sovetskogo sojuza - Marksizm-leninizm v dejstvii. Moskau 1955. 39 S. III Ea 7809

Stalin,J.V.:(Über die Mängel der Parteiarbeit und die Massnahmen zur Beseitigung der trotzkistischen und sonstigen Doppelzüngler,russ.:) O nedostatkach partijnoj raboty i merach likvidacii trockistskich i inych dvurušnikov. Moskau 1954. 39 S. III Ea 9156

Stalin,J.V.: Marxismus und nationale Frage.(Übers.aus dem Russ.) 4.Aufl. Berlin 1955. 79 S. I Ea 11147

Stalin,V.I.: Über die Perspektiven der Revolution in China. Fragen der chinesischen Revolution.(Aus dem Russ.übers.) Moskau(um 1954). 66 S. III Ea 10918

4.Philosophie,Wissenschaft von der Gesellschaft,Wissenschaft im allgemeinen

Belov,P.T.: Über den primären Charakter der Materie und den sekundären Charakter des Bewußtseins.(Aus d.Russ.übers.) Berlin 1955. 74 S. I Ea 11156

Bloch,E.: Das Prinzip Hoffnung.Bd 1. Berlin 1954. 477 S. I Ea 11348

Brinton,C.: Ideen und Menschen. Stuttgart 1954. 476 S. II Ea 11161

Budrejko,N.A.:(M.V.Lomonossov,der große Wissenschaftler und Materialist,der Begründer der russischen Wissenschaft,russ.:) M.V.Lomonosov - velikij učenyj-materialist osnovopoložnik russkoj nauki. Moskau 1955. 47 S. III Ea 7807

Chaschačich,F.I.: Materie und Bewußtsein.(Aus dem Russ. übers.) Berlin 1955. 227 S. I Ea 10841

Chase,S.: Wege zur Verständigung.(Aus dem Engl.übers.) Frankfurt/M. 1951. 317 S. II Ea 9594

Conant,J.B.: Gleichheit der Chancen.Erziehung und Gesellschaftsordnung in den Vereinigten Staaten. Bad Nauheim 1955. 102 S. II Ea 11245

Cornu,A.: Die ökonomisch-philosophischen Manuskripte. Berlin 1955. 54 S. I Ea 10488

Feuerbach,L.: Kleine philosophische Schriften.< 1842-1845 >. Leipzig 1950. 219 S. I Ea 11440

Georgiev,F.:(Die Erkennbarkeit der Welt und ihrer Gesetzmäßigkeiten,russ.:) Poznavaemost'mira i ego zakonomernostej. Moskau 1955. 54 S. III Ea 10932

Götze,H.: Wesen u.Bedeutung der Gesellschaftsformen. Berlin 1948. 123 S. Ea 11338

(Die Gesellschaftsfunktionäre Englands im Kampfe für die fortschrittliche Ideologie,russ.:) Obščestvennye dejateli anglii v bor'be za peredovuju ideologiju. Moskau 1954. 318 S.
III Ea 1o749

Grudinin,I.A.(Der dialektische Materialismus über die Möglichkeit und die Wirklichkeit,russ.:) Dialektičeskij materializm o vozmožnosti i dejstvitel'nosti. Moskau 1955. 38 S.
III Ea 7969

Herder,J.: Metakritik zur Kritik der reinen Vernunft. Berlin 1955. 349 S. I Ea 1o86o

Konstantinov,F.: Über Basis und Überbau.(Aus dem Russ.übers.) 2.Aufl. Berlin 1955. 55 S. I Ea 11o6o

Müller,K.: Gottfried Wilhelm Leibniz und Nicolaus Witsen. Berlin 1955. 45 S. I Ea 1o686

Ovčinnikov,N.F.:(Das Materielle der Welt und die Gesetzmäßigkeit ihrer Entwicklung,poln.:) Materialność swiata i prawidłowości jego rozwoju. Warschau 1954. 85 S. IV Eb 1oo4o

(Abhandlungen zur Geschichte des philosophischen und gesellschaftlich-politischen Denkens der Völker der UdSSR,russ.:) Očerki po istorii filosofskoj i obščestvenno-političeskoj mysli narodov SSSR. T.1. Moskau 1955. 589 S. III Ea 1o4o8

Pokrovskij,V.S.:(Die Geschichte des russischen politischen Denkens,russ.:) Istorija russkoj političeskoj mysli. Moskau 1954. 247 S. III Ea 1o5o4

Rumney,J.;J.Maier: Soziologie.Die Wissenschaft der Gesellschaft. (Aus dem Engl.übers.) Frankfurt/M.1954. 231 S. II Ea 111o2

Scheler,M.: Philosophische Weltanschauung. München 1954. 135 S. II Ea 1o416

Srovnal,J.:(Kapitel aus der Geschichte der französischen Philosophie,tschech.:) Kapitoly z dějin francouzské filosofie. Prag 1954. 46 S. IV Ea 226

Stolpe,H.: Die Auffassung des jungen Herder vom Mittelalter. Ein Beitr.zur Geschichte der Aufklärung. Weimar 1955. 536 S.
I Ea 1127o

Štraks,G.M.:(Die Kategorie des Gesetzes in der marxistisch-leninistischen Philosophie,russ.:) Kategorija zakona v marksistsko-leninskoj filosofii. Moskau 1955. 31 S.
III Ea 7829

Sviták,J.:(Kapitel aus der Geschichte der Philosophie des Altertums,tschech.:) Kapitoly z dějin starověké filosofie. Prag 1954. 168 S. IV Eb 228

Sviták,J.:(Vorlesungen aus der Geschichte der vormarxistischen Philosophie,tschech.:) Četba z dějin předmarxistické filosofie. Prag 1954. 142 S. IV Eb 24o

Tellenbach, G.: Anwendung der Wissenschaft - eine Gefahr für ihren Geist. Göttingen 1954. 29 S. II Ea 1140?

Vostrikov, A.V.: (Die marxistisch-leninistische Erkenntnistheorie, russ.:) Marksistsko-leninskaja teorija poznanija. Moskau 1955. 51 S. III Ea 1234?

Wells, H.K.: Pragmatism. Philosophy of imperialism. New York 1954. 221 S. V Ea 11326

5. Politische Ökonomie

Arakeljan, A.A.: (Die Lebenskraft der Ideen W.I.Lenins über die Arbeitsproduktivität, russ.:) Žiznennaja sila idej V.I.Lenina o proizvoditel'nosti truda. Moskau 1955. 39 S. III Ea 7830

Betschin, A.J.; P.A. Below: Die Kriegswirtschaft, 2. Aufl. (Aus dem Russ. übers.) Berlin 1955. 55 S. I Ea 10758

Eaton, J.: (Ökonomik des Friedens und des Krieges, tschech.:) Ekonomika míru a války. Prag 1954. 107 S. IV Ea 10196

Gladkov, I.A.: (Das ökonomische Gesetz der planmäßigen Entwicklung der Volkswirtschaft, russ.:) Ekonomičeskij zakon planomernogo razvitija narodnogo ohozjajstva. Moskau 1955. 82 S. III Ea 10471

Lemmnitz, A.: Das Geld und die Funktionen des Geldes im Sozialismus und in der Übergangsperiode vom Kapitalismus zum Sozialismus. Berlin 1955. 119 S. I Ea 11364

Lubimova, W.: (Die Ökonomik Frankreichs und die Lage der Werktätigen nach dem 2. Weltkrieg, poln.:) Ekonomika Francji i położenie mas pracujących po drugiej wojnie światowej. Warschau 1955. 193 S. IV Ea 10777

Mnogoletova, N.J.: Die ökonomische Expansion der amerikanischen Monopole. (Aus dem Russ. übers.) Berlin 1955. 271 S. I Ea 11269

Notkin, A.I.: Die Bestimmung des ökonomischen Nutzeffekts von Investitionen. Berlin 1955. 141 S. I Ea 10916

Ritter, K.: Agrarwirtschaft und Agrarpolitik im Kapitalismus. Berlin 1955. 921 S. I Ea 11280

Tjulpanow, S.: Das ökonomische Grundgesetz des modernen Kapitalismus. (Aus dem Russ. übers.) 3. Aufl. Berlin 1955. 119 S. I Ea 10976

(Sammlung von Artikeln über die Planung der Volkswirtschaft. Teil 2, tschech.:) Sborník statí plánování národního hospodářství. Část 2. Prag 1954. 153 S. IV Eb 229

II. RECHTSWISSENSCHAFT

1. Gesetzesmaterialien und Dokumente (auch Verfassungen und Kurzkommentare)

Agrargesetze in den Ländern Nordrhein-Westfalen, Niedersachsen, Hamburg und Schleswig-Holstein. Zusammengest., in e. Uebers. erl. u. mit e. Sachreg. vers. von W. Reineke I u. W. Reineke II. Münster 1955. 343 S. II Ea 11o35

Handbuch des Allgemeinen Vertragssystems. Hrsg. vom Staatlichen Vertragsgericht bei der Regierung der DDR. Berlin 1955. Loseblattausg. I Ea 11347

(Die Altersversorgung, poln.:) Zaopatrzenie emerytalne. Warschau 1954. 59 S. IV Ea 7376

Das Arbeitsrecht in der Deutschen Demokratischen Republik. Textsammlung. Bd 1.2. Berlin 1955. Loseblattausg. I Ea 11438

Praktisches Arbeitsrecht. Gesetzestexte, Rechtsprechung, Schrifttum. Von G. Müller u. K. Gröninger. Frankfurt/M. 1954. Loseblattausg. II Ea 1o395

Dokumente zur Aussenpolitik der Regierung der Deutschen Demokratischen Republik. Bd 2: Von der Souveränitätserklärung am 25. März 1954 bis zur Warschauer Konferenz < 11. bis 14. Mai 1955 >. Berlin 1955. 582 S. I Ea 9328

Gesetz zur Aenderung des Gesetzes zur Förderung des Bergarbeiterwohnungsbaues im Kohlenbergbau vom 29. Okt. 1954. (BGBl., 1954/34, S. 297). Hamburg 1954. 4 Bl. II Ea 1o514

Das Binnenschiffahrtsrecht in der DDR. Zusammenfassende Textausg. d. f. d. Gestaltung d. Binnenschiffahrtsfrachtverträge in der DDR geltenden Rechts- und Verwaltungsvorschriften mit Anm. Bearb. von W. Brandt u. E. Fuchs. Berlin 1955. 268 S. I Ea 11oo5

Binnenwasserstraßenverkehrsordnung. Verkehrsvorschriften für die Oder. Berlin 1955. 2o5 S. I Ea 11444

Borkens, W.; J. Klement: Gesetze des Kaufmanns. Auswahl v. Gesetzestexten. Darmstadt 1951. 191 S. II Ea 11431

Brandweiner, H.: Der Oesterreichische Staatsvertrag. Die Vorgeschichte und der Wortlaut des Vertrags. Leipzig, Jena 1955. 1o3 S. I Ea 11352

The Constitution of the United States of America. Analysis and interpretation. Annotations of cases decided by the Supreme Court of the United States to june 3o, 1952. Washington 1953. 1361 S. V Eb 266

The Criminal Code 1953-1954. (Can.) Ch. 51 and the Canada Evidence Act. Toronto 1954. Getr. Pag. V Ea 11327

Dersch-Volkmar: Arbeitsgerichtsgesetz vom 3. Sept. 1953. Komm. 6. völlig neu bearb. Aufl. Berlin, Frankfurt/M. 1955. 1245 S. II Ea 11234

Deutschland,Europa(u.)internationale Beziehungen.Das Loseblatt-Sammelwerk über Staat,Wirtschaft,Politik,Religion,Kultur.Hrsg.von A.Oeckl.Bd.1.2.Baden-Baden,Frankfurt,Bonn 1954/55.Loseblattausg.
II Ea 11174

Das Einkommensteuerrecht.Systemat.Zusammenfassung aller geltenden Bestimmungen (Stand vom 1.1.1955). Berlin 1955. 32o S.
I Ea 9824

(Das Erbrecht und die Einführungsvorschriften,poln.:) Prawo spadkowe oraz przepisy wprowadzajace. Warschau 1954. 44 S.
IV Ea 7377

Im Schatten des Hungers.Dokumentarisches zur Ernährungspolitik u.Ernährungswirtschaft in den Jahren 1945-1949. Hrsg.von H.Schlange-Schöningen. Hamburg,Berlin 1955. 335 S. II Ea 11o45

Hessisches Gesetz über die Freiwillige Gerichtsbarkeit.(Hess FGG.) Vom 12.April 1954. (GBBl,S.59). Textausg.München,Berlin 1954. 24 S.
II Ea 11o34

Die vier Genfer Abkommen zum Schutze der Opfer des Krieges vom 12.Aug.1949. Englischer und deutscher Text der Abkommen. Mit einer Einf.v.F.Groh. Frankfurt/M.1954. 16o S. II Eb 269

Die Sowjetunion auf der Genfer Konferenz. 18.Juli bis 23.Juli 1955.Erklärungen,Kommuniqués,Berichte. Im Anh.:Regierungserklärung d.Min.-Präs.Otto Grotewohl vor der Volkskammer der DDR am 12.Aug.1955. Entschliessung der Volkskammer der DDR vom 12.Aug.1955. Berlin 1955. 114 S.
I Ea 11154

Gottwald,K.: Ausgewählte Reden und Aufsätze. Mit e.Vorwort von W.Pieck. Berlin 1955. 564 S.
I Ea 1o681

Gruetzner,H.: Internationaler Rechtshilfeverkehr in Strafsachen. Die f.d.Rechtsbeziehungen d.Bundesrepublik Deutschland mit d. Ausland in Strafsachen maßgeblicher Bestimmungen. Zsgest.u. teilweise mit Anm.vers. T.1 - Hamburg,Berlin,Bonn 1955. Loseblattausg.
II Ea 11317

Der Prozess gegen die Hauptkriegsverbrecher vor dem Internationalen Militärgerichtshof. Nürnberg,14.Nov.1945-1.Okt.1946. Bd 1-3. Nürnberg 1947. Bd 1: 414 S. Bd 2: 671 S. Bd 3: 634 S.
II Ea 11157

Heidtmann,G.: Kirche im Kampf der Zeit. Die Botschaften,Worte und Erklärungen der evangelischen Kirche in Deutschland und ihrer östlichen Gliedkirchen. Berlin 1954. 448 S. II Ea 11417

Hueck,A.: Kündigungsschutzgesetz. 3.verb.u.verm.Aufl. München,Berlin 1954. 217 S.
II Ea 114o2

Documents of International Affairs 1939-1946.Selected and ed. by members of the Survey Department,Royal Institute of International Affairs under the direction of A.J.Toynbee. Vol. 1.March-sept.1939.1951. London,New York,Toronto 1951. 576 S.
V Ec 11325

(Investitionsbestimmungen,poln.:) Przepisy dotyczące inwestycyj.Część 1 - 4. Warschau 1954-1955. 4 Bde IV Ea 7142

Weissbuch der Kommunistischen Partei Deutschlands über die mündliche Verhandlung im Verbotsprozeß vor dem Bundesverfassungsgericht in Karlsruhe,Zsgest.nach d.amtl.Verhandlungsprotokoll d.Gerichts.(Hrsg.vom Parteivorstand d.KPD) Berlin 1955. 311 S. I Ea 11062

(Landwirtschaft.Sammelband von Rechtsvorschriften,tschech.:) Zemědělství.Sborník právních předpisů. Prag 1955. 611 S. IV Ea 11229

Lastenausgleich.Komm.zur gesamten Lastenausgleichsgesetzgebung mit allen Rechtsverordnungen u.Verwaltungsanordnungen u.d. Weisungen d.Bundesausgleichsamts.Von R.Harmening.Stand 1.Febr. 1955.Bd 1-3.(2.Aufl.) München,Berlin 1955. Loseblattausg. II Ea 11047

Lindgen,E.: Bundesdisziplinarrecht. Stand Mai 1953. T.1 ff. Hamburg,Berlin,Bonn 1953. Loseblattausg. II Ea 11112

Meitz,W.: Versammlungswesen,Vereinsrecht,Verfassungsschutz. Lübeck 1954. 63 S. II Ea 10519

Miller,H.D.: Constitutions,electoral laws,treaties of states in the near and middle east. Durham 1953. 541 S. V Ea 11392

Das Mutterschutzgesetz.Ges.zum Schutze d.erwerbstätigen Mutter vom 24.1.1952.(BGBl. I,S.69).Komm.von H.Peters.Zugleich Nachtrag zum Komm."Wochenhilfe u.Wochenfürsorge". Lübeck 1953. 63 S. II Ea 10460

United Nations legislative series. Laws concerning nationality. New York 1954. 594 S. V Ea 11413

Oschatz,M.: Das Recht der Wasserwirtschaft.Gesetze u.Verordnungen der DDR auf dem Gebiet der Wasserwirtschaft. Berlin 1954. 135 S. I Ea 9394

(Dokumente zum Studium der ungarischen Parteigeschichte, ungar.:) Dokumentumok a magyar párttörténent tanulmányozásához. T.3.4 Budapest 1954. T.3: 231 S. T.4: 271 S. IV Ea 9657

(Die Gesellschaft des demokratischen Polen.Dokumente und Schriften,poln.:) Towarzystwo demokratyczne Polskie.Dokumenty i pisma. Warschau 1954. 380 S. IV Ea 10477

(Bestimmungen über die Rechnungsführung in den Betrieben der vergesellschafteten Wirtschaft,poln.:) Przepisy o rachunkowości jednostek gospodarki uspołecznionej.Według stanu prawnego na dzień 15 sierpnia 1954 R. Warschau 1955. 749 S. IV Ea 7671

Fünfzig Jahre erste russische Revolution.Thesen.(Aus dem Russ.übers.) Berlin 1955. 30 S. I Ea 10965

Riedel,E.:Wiedergutmachung: Bundesentschädigungsgesetz. Frankfurt/M. 1954. 111 S. II Ea 10415

Roosevelt,F.: Links von der Mitte. Briefe,Reden,Konferenzen. (Aus dem Amerikan.übers.) Frankfurt/M. 1951. 490 S. II Ea 10543

Rosen von Hoewel,H.von: Verwaltungsvollstreckungsgesetz und Verwaltungszustellungsgesetz. Berlin,Frankfurt/M. 1953. 136 S. II Ea 10525

Das Sachschadenhaftspflichtgesetz.Erl.v.E.Böhmer. Berlin 1954. 117 S. II Ea 10955

Sartorius,C.: Verfassungs- und Verwaltungsgesetze. Das öffentl. Recht d.Bundesrepublik Deutschland.Textausg.mit Anm.u.Sachverz. 19.Aufl. Stand vom 1.März 1955. München,Berlin 1955. Loseblattausg. II Ea 11001

Schelp,G.;K.Fitting;F.Ringer: Bundesarbeitsrecht. Ergänzbare Sammlung d.gesetzl.Vorschriften.In systematischer Zusammenstellung mit Anmerkungen,Verweisungen und ausführl.Sachverzeichnis. Hamburg,Berlin 1954. Loseblattausg. II Ea 11110

Acht Jahre sozialdemokratischer Kampf um Einheit,Frieden und Freiheit. Ein dokumentarischer Nachweis der gesamtdeutschen Haltung der Sozialdemokratie. Bonn 1954. 282 S. II Eb 268

Tripier,L.: Les Codes français collationnés sur les éditions officielles. Paris (um 1900). 1571 S. Ea 11345

United States Code. Ed.1952.Containing the general and permanent laws of the United States in force on January 2,1953. Vol. 1 - 5 u.Index. Washington 1953. 6 Bde V Eb 272

Wahl,A.: Jugendschutz in der Oeffentlichkeit. Gesetz zum Schutz der Jugend in der Oeffentlichkeit.Gesetz über die Verbreitung jugendgefährdender Schriften. Textausg.mit Erl.2.völlig neu bearb.u.erg.Aufl. Stuttgart,Köln 1954. 209 S. II Ea 10766

Warenzeichengesetz mit 1.Durchführungsbestimmung zum Warenzeichengesetz u.Merkblätter des Amtes für Erfindungs- und Patentwesen. Berlin 1954. 42 S. I Ea 11218

Wöhrmann,O.: Das Landwirtschaftsrecht der britischen Zone mit ausführl.Erl.d.Höfeordnung vom 24.April 1947.Nebst Nachtr. Schloß Bleckede a.d.Elbe 1951. 452 S. Nachtr. 64 S. II Ea 11113

2.Theorie des Staates und des Rechts

Alavi,B.: Kämpfendes Iran.Berlin 1955. 190 S. I Ea 10848

Albrecht,G.: Vom Klassenkampf zum sozialen Frieden. Jena 1932. 112 S. Ea 11274

Arzumanjan,A.: Was ist Imperialismus? (Aus dem Russ.übers.) Berlin 1955. 70 S. I Ea 11222

Avarin,V.:(China in der Periode des Überganges zum Sozialismus,russ.:) Kitaj v period perechoda k socializmu. Moskau 1955. 31 S. III Ea 12363

Azizjan,A.K.: Die große Kraft des proletarischen Internationalismus.(Aus dem Russ.übers.) Berlin 1955. 62 S. I Ea 1o846

Briefs,G.: Zwischen Kapitalismus und Syndikalismus.Die Gewerkschaften am Scheideweg. Bern 1952. 189 S. V Ea 1o553

Burda,A.: (Die Methode und der allgemeine Charakter der politischen Doktrin J.J.Rousseaus,poln.:) Metoda i ogolny charakter doktryny politycznej J.J.Rousseau. Lublin 1954. 46 S. IV Ea 1248o

Burdeau,G.: Traité de science politique. T. 1 - 5. Paris 1953. 5 Bde V Ea 11335

Čeremnych,P.: Wie die Klassen entstanden und warum es einen Klassenkampf gibt. 3.Aufl.(Aus dem Russ.übers.) Berlin 1955. 78 S. I Ea 11148

Czermiénski,W.:(Verelendung der Werktätigen in den kapitalistischen Ländern,poln.:) Zubożenie mas pracujących w krajach kapitalistycźnych. Warschau 1954. 1o6 S. IV Ea 1o7o1

Dragilev,M.S.: Gegensätze zwischen den kapitalistischen Ländern nach dem zweiten Weltkrieg,russ.:) Protivorečija meždu imperialističeskimi deržavami na sovremennom etape. Moskau 1954.149 S. III Ea 1o128

Efremov,A.:(Das französische Volk im Kampf um Frieden und Demokratie,russ.:) Francuzskij narod v bor'be za mir i demokratiju. Moskau 1954. 11o S. III Ea 1o499

Ehlers,H.;L.Metzger;H.Bornkamm:Die politische Verantwortung des evangelischen Christen. Lüneburg 1954. 16 S. II Ea 11171

Erb,L.: Das Ende des Sklavenstaates. Die Gewerkschaften der Zukunft. München 1953. 256 S. II Ea 11162

Fedoseev,P.N.: Sozialismus und Patriotismus.(Aus dem Russ. übers.) Berlin 1955. 56 S. I Ea 1o568

Foustka,R.N.:(Zur Frage der Arten der Normen im sozialistischen Staat,tschech.:) K otázce druhú norem v socialistickém státě. Prag 1955. Aus:Prazská universita moskovske universitě 1755-1955. S.231-246. IV Ea 7995

Glezermann,G.:(Die KPdSU - die leitende Kraft im sozialistischen Staat,russ.:) KPSS - rukovodjaščaja sila socialističeskogo gosudarstva. Moskau 1954. 63 S. III Ea 1o127

Griewank,K.: Der neuzeitliche Revolutionsbegriff.Entstehung und Entwicklung. Weimar 1955. 327 S. I Ea 11265

Gross,H.: Sozialismus in der Krise.2.Aufl. Frankfurt/M.1952. 175 S. II Ea 11239

Hajek,J.S.:(Die verwerfliche Rolle der Rechtssozialisten in der ČSR,tschech.:) Zhoubná úloha pravicových socialistu v ČSR. Prag 1954. 19o S. IV Ea 1o199

Hermann,F.: Ein Schwarzbuch des XX.Jahrhunderts.Beiträge zur Rom-Frage. Hamburg 1955. 82 S. II Ea 11318

Heydte,F.A.von;K.Sacherl:Soziologie der deutschen Parteien. München 1955. 367 S. II Ea 11139

Kipper,E.: Sind Führungsaufgaben teilbar? Köln 1954. 4 Bl. II Eb 97

Koslow,V.K.: Was sind bürgerliche Nationen und sozialistische Nationen?(Aus dem Russ.übers.) Berlin 1955. 49 S. I Ea 1o859

Lahtinen,O.: Zum Aufbau der rechtlichen Grundlagen.Akadem.Abh. Helsinki 1951. 2o2 S. V Ea 1o595

Macciocchi,M.A.:(Iran kämpft,poln.:) Iran walczy. Warschau 1954. 186 S. IV Ea 1o7o2

Matjuškin,N.I.(Was ist sowjetischer Patriotismus?russ.:) Čto takoe sovetskij patriotizm? Moskau 1955. 95 S. III Ea 1o383

Müller,J.: Kantisches Staatsdenken und der Preussische Staat. Kitzingen/M. 1954. 93 S. II Ea 11314

Oertmann,P.: Interesse und Begriff in der Rechtswissenschaft. Leipzig 1931. 1oo S. Ea 11272

Ollenhauer,E.: Our common Concerns. A social democrat speaks to Amerikans. Bonn 1954. 11 S. II Ea 7733

Oschilewski,W.: Traum und Erkenntnis.Ein sozialistisches Lesebuch. Berlin 1955. 82 S. II Ea 1o887

Patterson,E.W.: Jurisprudence.Men and ideas of the law. Brooklyn 1953. 649 S. V Ea 11127

Reimann,M.: Hebung des Klassenbewußtseins und des Patriotismus der Arbeiterklasse,die wichtigste ideologisch-politische Aufgabe der KPD im Kampf gegen die Pariser Verträge,für die friedliche Wiedervereinigung Deutschlands.Referat auf d.2o.Tagung d.Parteivorstandes d.KPD am 5.und 6.Juni 1955. Berlin 1955. 87 S. I Ea 11155

Röpke,W.: Grenzen und Gefahren des Wohlfahrtsstaates. Frankfurt/M. 1955. 2o S. II Ea 114o4

Sinzheimer,H.: Theorie der Gesetzgebung. Die Idee der Evolution im Recht. Haarlem 1948. 96 S. V Ea 1o729

Sternberger,D.: Politische Bildung. Ein Vortrag. Frankfurt/M. 1954. 19 S. II Ea 1o713

Stroja,L.:(Studien über die Krise des Kolonialsystems im Imperialismus,rumän.:) Studii despre criza sistemului colonial al imperialismului. Bukarest 1954. 275 S. IV Ea 11151

Vaerting,M.T.: Der zweite Weg zum Kommunismus.Grundprobleme des politischen Katholizismus. Darmstadt(um 1952). 57 S. II Ea 111o8

Varga,E.: Grundfragen der Ökonomik und Politik des Imperialismus < nach dem zweiten Weltkrieg >.(Aus d.Russ.übers.) Berlin 1955. 74o S. I Ea 11264

Wald,E.: Die Gewerkschaften im politischen Zeitgeschehen. Frankfurt/M.(1953). 16 S. II Ea 1o9o4

3.Geschichte des Staates und des Rechtes

Alexander Minorita: Expositio in apocalypsim.Hrsg.von A.Wachtel. Weimar 1955. 576 S. I Ea 1o347

Anners,E.: Hand wahre Hand.Studien zur Geschichte der germanischen Fahrnisverfolgung. Stockholm 1952. 379 S. V Ea 1o3o3

Baethgen,F.: Monumenta Germaniae Historica.Bericht für das Jahr 1952/53. Berlin 1954. 24 S. I Ea 9562

Buisson,L.: König Ludwig IX.,der Heilige und das Recht. Studie zur Gestaltung der Lebensordnung Frankreichs im hohen Mittelalter. Freiburg 1954. 254 S. II Ea 1141o

Časnikov,I.P.:(Die Kommunistische Partei der Sowjetunion der Inspirator und Organisator der Siege des Sowjetvolkes im Großen Vaterländischen Krieg 1941-1945,russ.: Kommunističeskaja partija Sovetskogo < Sojuza-vdochnovitel'i organizator pobed sovetskogo naroda v velikoj otečestvennoj vojne 1941 1945 godov. Moskau 1955. 31 S. III Ea 78o3

Cassou,J.: Le Quarante-huitard. Paris 1948. 51 S. V Ea 7o33

Čermenskij,E.D.:(Der Kampf der Bolschewiki um das Bündnis der Arbeiterklasse und der Bauernschaft in den Jahren der ersten russischen Revolution,russ.:) Bor'ba bol'ševikov za sojuz rabočego klass i krest'janstva v gody pervoj russkoj revoljucii. 19o5-19o7 gg. Moskau 1955. 47 S. III Ea 12361

Cuenod,A.: Usucapio pro derelicto.Etude de droit romain classique.Vevey 1943. 1o9 S.- Lausanne,Rechtswiss.Fak.,Diss.v. 18.Mai 1943. Ea 7426

Cuvillier,A.: P.-J.-B.Buchez et les Origines du socialisme chrétien. Paris 1948. 82 S. V Ea 7o35

Ehrlich,L.:(Pawel Wlodkowic und Stanislaw aus Skarbinierz, poln.:) Paweł Włodkowic i Stanisław ze Skarbimierza. Warschau 1954. 237 S. IV Ea 1o776

Ellwein,Th.: Das Erbe d.Monarchie in der deutschen Staatskrise.Zur Geschichte des Verfassungsstaates in Deutschland. München 1954. 397 S. II Ea 11137

(Materialien und Studien.Serie Geschichte,poln.:) Materiały i studia.Seria historyczna.T.1. Warschau 1954. 276 S. IV Ea 1o694

Gugelberg,A.von:Der Staatsinterventionismus in der schweizerischen Weinwirtschaft.Chur 1952. 167 S. Zürich,Rechts-u. staatswiss.Fak.,Diss.v.16.2.1952 V Ea 72o2

Urkundenbuch der Stadt Halle,ihrer Stifter und Klöster.T.3,Bd 1. Berlin 1954. 7o1 S. I Ea 9412

Hoffmann,H.: Würzburger Polizeisätze. Gebote und Ordnungen des Mittelalters.1125-1495. Ausgew.Texte. Würzburg 1955. 237 S. II Ea 1124o

Hammer,F.: Freistaat Gotha im Kapp-Putsch. Berlin 1955. 119 S. I Ea 1o998

Jakóbczyk,W.:(Grosspolen,1851-1914,poln.:) Wielkopolska 1851-1914. Wrocław 1954. 332 S. IV Ea 1o473

Jone,H.: Commentarium in Codicem Juris Canonici. T.1-3. Paderborn 195o-1955. T.1: 627 S. T.2: 641 S. T.3: 637 S. II Ea 11394

Klingelhöfer,E.: Die Reichsgesetze von 122o,1231/32 und 1235. Ihr Werden und ihre Wirkung im deutschen Staat Friedrichs II. Weimar 1955. 239 S. I Ea 11282

Köhler,J.: Die Keime des Kapitalismus im Sächsischen Silberbergbau < 1168 bis um 15oo >. Berlin 1955. 13o S. I Ea 11445

Der Kommunistenprozeß zu Köln 1852 im Spiegel der bürgerlichen Presse. Hrsg.u.eingel.von K.Bittel. Berlin 1955. 325 S. I Ea 1o98o

Kozyrev,I.:(Der Kampf der Bolschewiki um die Armee und Flotte während der Revolution 19o5-19o7,russ.:) Bor'ba bol'ševikov za armiju i flot v period revoljucii 19o5-19o7. Moskau 1955. 179 S. III Ea 11o77

Král',V.:(Über die konterrevolutionäre und antisowjetische Politik Masaryks und Beneschs,russ.:) O kontrrevoljucionnoj i antisovetskoj politike Masarika i Beneša. Moskau 1955. 277 S. III Ea 11o22

Lange,H.: Schadenersatz und Privatstrafe in der mittelalterlichen Rechtstheorie. Köln 1955. 182 S. II Ea 11393

Mammach,K.: Der Einfluß der russischen Februarrevolution und der Großen Sozialistischen Oktoberrevolution auf die deutsche Arbeiterklasse. Februar 1917-Oktober 1918. Berlin 1955. 151 S. I Ea 11443

Mommsen,W.: Stein,Ranke,Bismarck. Ein Beitrag zur politischen und sozialen Bewegung des 19.Jahrhunderts. München 1954. 3o3 S. II Ea 11237

More,T.: Utopia. Berlin 1955. 218 S. I Ea 1o345

Müller-Mertens,E.: Das Zeitalter der Ottonen.Kurzer Abriss d. polit.Geschichte Deutschlands im 1o.Jahrhundert. Berlin 1955. 214 S. I Ea 1o979

Nussbaum,A.: A concise History of the law of nations.Rev.ed. New York 1954. 376 S. V Ea 11333

Oliva,P.:(Frühgriechische Tyrannis,tschech.:) Raná řecká tyrannis. Prag 1954. 496 S. IV Ea 10204

Patze,H.: Recht und Verfassung thüringischer Städte. Weimar 1955. 299 S. I Ea 11082

Patze,H.: Altenburger Urkundenbuch. 976-1350. Jena 1955. 640 S. I Ea 11441

Pieck,W.: Im Kampf um die Arbeitereinheit und die deutsche Volksfront 1936-1938.Mit e.Vorwort von W.Ulbricht. Berlin 1955. 91 S. I Ea 10581

Priester,E.: Kurze Geschichte Oesterreichs.Bd 1.2. Wien 1946-1949. Bd 1: 201 S. Bd 2: 620 S. V Ea 11031

Puchovskij,N.:(Der Marxismus-Leninismus über die Rolle der Volksmassen in der Geschichte,russ.:) Marksizm-leninizm o rol' narodnych mass v istorii. Moskau 1955. 39 S. III Ea 12350

(Denkmäler des russischen Rechts aus der Periode der Bildung des russischen zentralisierten Staates,14.-15.Jahrhundert, russ.:) Pamjatnikin prava perioda obrazovanija russkogo centralizovannogo gosudarstva, XIV-XV vv. Moskau 1955. 527 S. III Ea 10480

Rehme,P.: Stadtbücher des Mittelalters.T.1. Leipzig 1927. 225 S. Ea 11344

Rek,T.:(Schatten der Vergangenheit,poln.:) Cienie przeszłości. Warschau 1954. 148 S. IV Ea 10855

Die Auswirkungen der ersten russischen Revolution von 1905-1907 auf Deutschland. Hrsg.von L.Stern. Berlin 1954. 335 S. I Ea 11141

Ritter,G.: Staatskunst und Kriegshandwerk.Das Problem des > Militarismus < in Deutschland. Bd 1: Die altpreußische Tradition. München 1954. 403 S. II Ea 11312

Rühle,O.: Das Handwerk gestern und heute.Überblick über die Geschichte des deutschen Handwerks vom Feudalismus bis zur Gegenwart. Leipzig,Jena 1955. 86 S. I Ea 10975

Schnerb,R.: Ledru-Rollin. Paris 1948. 75 S. V Ea 7045

Schnur,R.: Der Rheinbund von 1658 in der deutschen Verfassungsgeschichte. Bonn 1955. 102 S. II Ea 11169

Smirin,M.M.: Über die Geschichtsschreibung des Großen Bauernkrieges.Teilausg.(Aus dem Russ.übers.) Berlin 1952. 43 S. I Ea 11366

Sofronenko,K.A.:(Die gesellschaftspolitische Struktur des Galizisch-Wolynischen Rußlands im XI.-XIII.Jahrhundert,russ.:) Obščestvenno-političeskij stroj Galicko-Volynskoj Rusi. Moskau 1955. 139 S. III Ea 10922

Spindler,A.: Aus Paris nichts Neues.Die Legende von den Überfällen. Hamburg 1954. 136 S. II Ea 1o951

Tersen,E.: Le Gouvernement provisoire et l'Europe. (25.févr.-12.Mai 1848). Paris 1948. 77 S. V Ea 7o32

Thälmann,E.: Reden und Aufsätze zur Geschichte der deutschen Arbeiterbewegung Bd.1.Auswahl aus den Jahren Juni 1919 bis November 1928. Berlin 1955. 655 S. I Ea 11o11

Thimme,A.: Hans Delbrück als Kritiker der wilhelminischen Epoche. Düsseldorf 1955. 166 S. II Eb 273

Ullmann,L.: 5o Jahre Kampf der deutschen Arbeiterjugend gegen Imperialismus und Krieg. Leipzig/Jena 1955. 46 S. I Ea 1o915

Veselý,J.: Entstehung und Gründung der Kommunistischen Partei der Tschechoslowakei.(Aus dem Tschech.übers.) Berlin 1955. 222 S. I Ea 11435

Vogel,O.: Der ländliche Einung nach den zürcherischen Rechtsquellen. Aarau 1953. 131 S. Zürich,Rechts- u.staatswiss. Fak.,Diss.v.12.Juli 1952 V Ea 744o

Weltlingers,S.: Hast Du schon vergessen? Erlebnisbericht aus der Zeit der Verfolgung. Frankfurt/M.1954. 29 S. II Ea 12218

Windscheid,B.: Lehrbuch des Pandektenrechts. 6.,verb.u.verm. Aufl. Bd 1-3. Frankfurt/M.1887. 3 Bde Ea 898

Winter,E.: Die tschechische und slowakische Emigration in Deutschland im 17.und 18.Jahrhundert. Beiträge zur Geschichte der hussitischen Tradition. Berlin 1955. 568 S. I Ea 11285

Winzer,O.: Zwölf Jahre Kampf gegen Faschismus und Krieg.Ein Beitr.zur Geschichte der KPD 1933-1945. Berlin 1955. 276 S. I Ea 1o489

Zachariae von Lingenthal,K.E.: Geschichte des griechisch-römischen Rechts.Verm.Neudr.d.3.Aufl. Aalen 1955. 424 S. II Ea 114o7

4.Völkerrecht,Außenpolitik

Scientific and technical Aspects of the control of atomic energy. Lake Success 1946. 42 S. V Ea 11244

United Nations.Check List of United Nations documents.Part 3.Atomic Energy Commission. 1946-1952. New York 1953. 45 S. V Eb 274

The Convention on Genocide. Publ.by the United Nations,Department of Public Information New York. 2 nd rev.ed. New York 1952. 23 S. V Ea 1o633

Le Probléme de l'énergie atomique. Paris 1948. 12 S.V Eb 247

Le Controle de l'énergie atomique. Paris 1946. 12 S.V.Eb 247

Bočkarev,Ju.:(Die koloniale Expansion des amerikanischen Imperialismus,russ.:) Kolonial'naja ékspansija amerikanskogo imperializma. Moskau 1955. 38 S. III Ea 7796

Brandweiner,H.: Die Anschlußgefahr. Berlin 1954. 59 S.I Ea 1o962

Bromfield,L.: Vom Unfug der Gewalt.Ein neues Konzept für eine verwirrte Welt.(Aus dem Amerikan.übers.) Düsseldorf 1955.277 S. II Ea 11412

Byfield,R.S.: The fifth Weapon. Notes on the Kremlin's concept of total coordination of all weapons. New York 1954. 67 S. V Ea 11o41

Die Charta der Vereinten Nationen. Ein Leitfaden.Verf.u.hrsg. vom Informationsamt der Vereinten Nationen. Berlin 1947. 37 S. II Ea 1o532

Davis,E.: Two Minutes till midnight. New York 1954. 2o7 S. V Ea 11o4o

Le Rayonnement de la Declaration universelle des droits de l'homme. Nouv.ed. New York 1953. 58 S. V Ea 1o526

Demokratie und Außenpolitik. Darmstadt 1954. 8o S. II Ea 11235

Dudinskij,I.:(Die wirtschaftliche Zusammenarbeit und die gegenseitige Hilfe der Staaten des sozialistischen Lagers,russ.:) Ėkonomičeskoe sotrudničestvo i vzaimopomošč'gosudarstv socialističeskogo lagerja. Moskau 1955. 39 S. III Ea 782o

Episkoposov,G.L.: Die "Atom-Soziologie"als ideologische Waffe des amerikanischen Imperialismus.(Aus dem Russ.übers.) Berlin 1955. 13o S. I Ea 1o857

Friedmann,H.: Vom Völkerbund zur UNO.Wege internationaler Verständigung. Gerabronn/Württ.1953. 44 S. II Ea 111o6

Frumkin,A.B.:(Die Apologeten der Außenhandelsexpansion des amerikanischen Imperialismus,russ.:) Apologety vnešnetorgovoj ėkspanisii amerikanskogo imperializma. Moskau 1954. 219 S. III Ea 1o7o8

(Das Volk Guatemalas und die"United Fruit Company",russ.:) Narod Gvatemaly i "Junajted Frut Kompani". Moskau 1954.5o S. III Ea 1oo19

Hofer,W.: Die Entfesselung des zweiten Weltkrieges.Eine Studie über die internationalen Beziehungen im Sommer 1939.2.Aufl. Stuttgart 1955. 236 S. II Ea 11o46

Inozemcev,N.:(Der amerikanische Imperialismus und die deutsche Frage 1945-1954,russ.:) Amerikanskij imperializm i germanskij vopros. Moskau 1954. 439 S. III Ea 1o743

Kaden,E.H.: Le Séquestre des entreprises ennemies. Berlin 1923. 54 S. Ea 7o62

Kinov,I.v (Der Krieg im Kapitalismus ist unvermeidbar,bulg.:) Neizbežnostta na vojnite pri kapitalizma. Sofia 1953. 74 S.
IV Ea 10589

Knobloch,H.: Der bakteriologische Krieg. Berlin 1955. 336 S.
I Ea 11283

Krŭstev,S.:(Imperialistische Propaganda für einen neuen Krieg., bulg.:) Imperialističeskata propaganda za nova vojna. Sofia 1953. 82 S. IV Ea 10594

Lipsky,G.A.: Law and politics in the world community.Essays on Hans Kelsen's pure theory and related problems in international law. Berkeley,Los Angeles 1953. 373 S. V Ea 11321

Lister,E.:(Die Militärstützpunkte der USA in Spanien,tschech.:) Válečné zakladny USA ve Španělsku. Prag 1954. 231 S.
IV Ea 10200

Maiwald,S.: Die Entwicklung zur staatlichen Handelsschiffahrt im Spiegel des internationalen Rechts. Die Staatsfreiheit d. Handels als Kardinalprinzip d.Seevölkerrechts. Stuttgart 1946. 141 S. II Ea 6719

Mao Tse-Tung:Questions of tactics in the present Anti-Japanese United Front.-On policy. Peking 1954. 38 S.
IV Ea 11288

Mao Tse-Tung: On the Factics of fighting Japanese imperializm. Peking 1953. 47 S. IV Ea 11289

Moch,J.: Human Folly.To disarm or perish? With an introduction by A.Einstein. London 1955. 222 S. V Ea 11131

Moch,J.: Wir sind gewarnt.(Aus dem Französ.übers.)Mit e.Vorwort von A.Einstein. Frankfurt/M. 1955. 219 S. II Ea 11044

Muškat,M.:(Die Intervention als verbrecherische Waffe der Politik der Vereinigten Staaten von Amerika,russ.:) Intervencija prestupnoe orudie politiki SŠA. Moskau 1954. 198 S.
III Ea 10069

The North Atlantic Treaty Organization.3.ed. Paris 1955. 56 S.
V Ea 11400

Oelßner,F.: Über die Bedeutung der Genfer Konferenz der Regierungschefs der Sowjetunion,der USA,Großbritanniens und Frankreichs im Juli 1955. Berlin 1955. 72 S. I Ea 11251

Friendship for Peace. Peking 1953. 66 S. IV Ea 11291

Petrov,D.V.:(Die koloniale Expansion der Vereinigten Staaten in Japan in der Mitte des 19.Jahrhunderts,russ.:) Kolonial'naja ėkspansija soedinennych štatov Ameriki v Japonii v seredine XIX veka. Moskau 1955. 277 S. III Ea 11076

Politis,N.: Les nouvelles Tendances du droit international. Paris 1927. 249 S. Ea 7066

Raschhofer,H.: Die Sudetenfrage. Ihre völkerrechtliche Entwicklung vom ersten Weltkrieg bis zur Gegenwart. München 1953. 31o S.
II Ea 11o99

Rauschning,H.: Die deutsche Einheit und der Weltfriede. Hamburg 1955. 97 S. II Ea 11o38

Reid,H.D.: International Servitudes in law and practice. Chicago 1932. 254 S. Ea 7o5o

Rogge,H.: Kollektivsicherheit,Bündnispolitik,Völkerbund.Theorie der nationalen u.internationalen Sicherheit, Berlin 1937. 443 S. Ea 11277

Schätzel,W.: Neutralität. Basel 1955. Aus: Die Friedenswarte. Vol.53,Nr 1, S.28-36. II Ea 12477

Scheuner,U.: Die völkerrechtlichen Grundlagen der Weltwirtschaft in der Gegenwart. Tübingen 1954. 65 S. II Ea 11398

Schumann,F.L.: The Commonwealth of man. An inquiry into power politics and world government. New York 1952. 494 S.V Ea 11426

Schwarz,E.: Wege zur gewaltlosen Befreiung.Eine Studie über den West-Ost-Konflikt und die Methoden des gewaltlosen Widerstandes. Wien 1952. 68 S. V Ea 1oo93

Schwarzenberger,G.: Machtpolitik. Eine Studie über die internationale Gesellschaft.(Aus dem Engl.übers.) Tübingen 1955. 5o4 S. II Ea 1131o

Shepley,J.R.;C.Blair:The Hydrogen Bomb.The men,the menace,the mechanism. London 1954. 216 S. V Ea 11129

Spaight,J.M.: Air power and war rights. 3.ed. London 1947. 523 S. V Ea 1113o

Zur Wendung im West-Ost-Konflikt. Eine kontinentaleuropäische Konzeption abseits von Parteipolitik. Bonn 1953. 55 S.
II Ea 1o315

Wiarda,N.H.:(Wet overheidsaansprakli jkheid bezettingshandelingen,holländ.: Gesetz über Amtshaftung für Besatzungsakte. Alphen aan den Rijn 1952. 173 S. Leiden,Rechtswiss.Fak., Diss.v.2.April 1952 V Ea 6321

Wiebringhaus,H.: Beitrag zur Lage vom Gesetze der funktionellen Verdoppelung innerhalb einer universalistischen Theorie des Internationalprivat- und Völkerrechts. Saarbrücken 1952. 395 S. II Eb 251

Wright,Q.: Problems of stability and progress in international relations. Berkeley,Los Angeles 1954. 378 S. V Ea 11322

5.Staatsrecht

Der Bundeskanzler.Der Weg Konrad Adenauers.Freiburg i.Br.1953. 224 S. II Ea 11233

Aleksandrov,N.G.:(Der sozialistische Sowjetstaat ein wichtiges Werkzeug des Aufbaus des Kommunismus,russ.:)Sovetskoe socialističeskoe gosudarstvo-glavnoe orudie postroenija kommunizma. Moskau 1955. 38 S. III Ea 7828

Amvrosov,A.A.:(Der Leninsche Plan des Aufbaus des Sozialismus und der Kampf des Sowjetvolkes um seine Durchführung,russ.:) Leninskij plan postroenija socializma i bor'ba sovetskogo naroda za ego osuščestvlenie. Moskau 1955. 39 S. III Ea 7798

Bachmurov,P.V.:(Sowjetisches Wahlsystem in Frage und Antwort, russ.:) Sovetskaja izbiratel'naja sistema v voprosach i otvetach. Moskau 1955. 47 S. III Ea 11449

Blum,L.: La Réforme gouvernementale. Paris 1936 235 S.Ea 7051

Brogan,D.W.: Roosevelt and the new deal. London 1952. 259 S. V Ea 11324

Brun,J.:(Im Kampf um Volkspolen.poln.:) W walce o polske ludowa. Warschau 1954. 110 S. IV Ea 10697

Cahn,E.: Supreme Court and supreme law. Bloomington 1954. 250 S. V Ea 11320

Czermak,E.: Demokratie und Wahlrecht. Wien,Zürich 1948. 47 S. V Ea 11319

Czojbałsan,C.:(Abriss der Geschichte der Mongolischen Volksrevolution,poln.:) Krótki zarys historii mongolskiej rewolucji ludowej Warschau 1954. 92 S. IV Ea 10703

Debatin,O.: "Zu viel Staat".Eindrücke,Bedenken und Wünsche eines Bürgers. Stuttgart 1954. 63 S. II Ea 11115

250 Fragen,250 Antworten über die Deutsche Demokratische Republik. Hrsg.:Ausschuß für Deutsche Einheit.5.,völlig neu bearb.u.erw.Aufl. Berlin 1955. 237 S. I Ea 11298

Ehrlich,St.:(Die Verfassung der UdSSR,poln.:) Ustrój związku radzieckiego. Warschau 1954. 403 S. IV Ea 10774

Evans,R.S.: Englische Christen kämpfen für den Frieden. Berlin 1954. 35 S. I Ea 10266

Faul,E.: Kleine Staatslehre. Zwischen Diktatur und Demokratie. Gerabronn/Württ. 1953. 52 S. II Ea 11105

Feige,G.: Arbeitsplan und Beratung der Arbeitsaufgaben im Staatsapparat der Deutschen Demokratischen Republik. Berlin 1955. 47 S. I Ea 11303

Ferguson,J.H.;D.E.Mac Henry: Elements of American Government.2.ed. New York 1954. 649 S. V Ea 11128

Wahlen zwischen Ost und West.Beiträge zur Problematik gesamtdeutscher Wahlen. Frankfurt/M. 1954. 72 S. II Ea 11103

Götting,G.: Unsere Partei hat klaren Kurs auf Verständigung der Deutschen,kollektive Sicherheit in Europa und Frieden in der Welt. Berlin 1954. 58 S. I Ea 10978

Gollan,J.:(Das politische System Großbritanniens,russ.:) Politiceskaja sistema Velikobritanii.(Aus dem Engl.übers.) Moskau 1955. 221 S. III Ea 10738

Gramsci,A.: Die süditalienische Frage.(Aus dem Italien.übers.) Berlin 1955. 86 S. I Ea 10757

Gronský,J.:(Übersicht über die verfassungsmäßige und politische Entwicklung der volksdemokratischen Länder,tschech.:) Prehl'ad ústavného a politického vývoja ludovodemokratických zemí. Prag 1954. 106 S. IV Ea 10192

Hefti,M.: Rechtsstellung und Tätigkeit der Vollmachtenkommissionen der eidgenössischen Räte im zweiten Weltkrieg und in der Nachkriegszeit. Zürich 1951. 174 S. Zürich,Rechts-u.staatswiss.Fak.,Diss.v.22.April 1950 V Ea 7092

Ibarruri,D.: Der national-revolutionäre Krieg des spanischen Volkes 1936-1939. Berlin 1955. 35 S. I Ea 9624

Johnson,H.: Ein Viertel der Menschheit.Chinas neues schöpferisches Zeitalter. Berlin 1954. 260 S. I Ea 11367

International Commission of Lawyers to examine the case at Karlsruhe. Paris 1955. 1 Bl. V Eb 664

Findings of the International Commission of Lawyers to examine the trial at Karlsruhe of the organisers of the referendum against the remilitarism of western Germany. Bruxelles 1955. 2 Bl. V Eb 659

Klátil,J.:(Entstehung und Entwicklung der Nationalausschüsse, tschech.:)Vznik a vývoj národních výborů. T.1-3.o.O.(um 1954). T.1: 38 S. T.2: 30 S. T.3: 12 S. IV Eb 672

Kotow,M.: Der Frieden kommt nicht von selbst,er muss erkämpft werden! (Aus dem Russ.übers.) Moskau 1954. 94 S.III Ea 9816

Kulišová,T.:(Die kleine Festung Terezin.Völkerfriedhof.Ghetto, 2.erg.Aufl.,tschech.:) Malá pevnost Terezín.Národní hřbitov. Ghetto. Prag 1954. 75 S. IV Ea 9662

Kutscher,H.: Die deutschen Parteien der Gegenwart und ihre Programme. 1. CDU/CSU. Gerabronn/Württ. 1953. 35 S. II Ea 11107

Laponogov,J.:(Das ungarische Volk,russ.:) Vengjrija narodnaja. Moskau 1955. 126 S. III Ea 11019

Association internationale des juristes démocrates. Pour la Défense des libertés democratiques.Une délégation de l'A.J.J.D.en Grèce. Brüssel 1955. 10 S. V Eb 6665

Machnenko,A.Ch.:(Der Staatsaufbau der Volksrepublik Polen, russ.:) Gosudarstvennyj stroj pol'skoj narodnoj respubliki. Moskau 1955. 285 S. III Ea 11448

Mao Tse-Tung:Strategische Fragen des revolutionären Krieges in China. Berlin 1955. 120 S. I Ea 11215

Mao Tse-Tung: Why can China's Red Political Power exist? Peking 1953. 17 S. IV Ea 11290

Maunz,Th.: Deutsches Staatsrecht.Ein Studienbuch.4.neubearb. Aufl. München,Berlin 1954. 339 S. II Ea 11424

Nadtočeev,D.I.:(Die Leninsche Politik der größtmöglichsten Entwicklung der Schwerindustrie u.d.Kampf der Partei um ihre Durchführung,russ.:) Leninskaja politika pervoočerednogo vsemernogo razvitija tjaželoj industrii i bor'ba partii za ee osuščestvlenie. Moskau 1955. 47 S. III Ea 7799

Nikolaev,B.V.:(Der sozialistische Sowjetstaat, das Hauptinstrument des Aufbaus des Kommunismus in der UdSSR,russ.:)Sovetskoe socialističeskoe gosudarstvo - glavnoe orudie postroenija kommunizma v SSSR. Moskau 1955. 39 S. III Ea 7967

Die Kommunisten im Kampf für die Unabhängigkeit Österreichs. Sammelband. Wien 1955. 294 S. V Ea 11279

Picht,W.: Wiederbewaffnung. Pfullingen 1954.187 S.II Ea 11101

(Die juristischen Probleme der Verfassung der Volksrepublik Polen,poln.:) Zagadnienia prawne Konstytucji Polskiej Rzeczypospolitej Ludowej. T.1-3. Warschau 1954. T.1: 432 S.T.2: 641 S. T.3: 513 S. IV Ea 11025

Rjabov,W.:(Sowjetische Soldaten sind vollberechtigte Bürger der UdSSR,russ.:) Sovetskij voin-polnopravnyj graždanin SSSR. Moskau 1955. 60 S. III Ea 10748

Seidel,H.: So arbeiten wir mit dem Gesetz zum Schutze der Jugend in der Öffentlichkeit.3.Aufl. Hamm 1953. 15 S. II Ea 10522

(Die Prinzipien Lenins über die Arbeit des Staatsapparates, russ.:) Leninskie principy raboty gosudarstvennoe apparata. Moskau 1955. 78 S. III Ea 11446

Das Volk hat jetzt das Wort. Berlin 1955. 46 S. I Ea 9714

1945-1955. Das Volk besann sich seiner Kraft.(Den Text verfasste K.Beuchler) Berlin 1955. 159 S. I Ea 11353

Vorošilov,K.E.:(Der 36.Jahrestag der Großen Sozialistischen Oktoberrevolution,bulg.:) Trideset i šestata godišnina na velikata oktomvrijska socialističeska revoljucija. Sofia 1955. 19 S. IV Ea 10593

Wehrhahn,H.: Lehrfreiheit und Verfassungstreue.Freiheit und Schranken wissenschaftlichen Lehrens nach Artikel 5 Abs.3 des Grundgesetzes für die Bundesrepublik Deutschland.Tübingen 1955. 65 S. II Ea 11309

Der deutsche Soldat in der Armee von morgen.Wehrverfassung. Wehrsystem.Inneres Gefüge. Hrsg.in Zusammenarbeit mit dem Institut für Europäische Politik und Wirtschaft,Frankfurt/M. Mainz 1954. 5o3 S. II Ea 11o97

Wischnew,S.N.: Der moderne Militarismus und die Monopole.(Aus dem Russ.übers.) Berlin 1955. 265 S. I Ea 1o964

Wladimirowa,I.: Erfolge des wirtschaftlichen Aufbaus in der Volksrepublik China.(Aus dem Russ.übers.) Berlin 1955. 111 S. I Ea 11223

6.Verwaltungsrecht

Claussen,H.: Pflichten und Rechte der Fürsorgeerziehungsbehörde. Hannover 1954. 93 S. II Ea 1o4o3

Couvé,R.: Behörden - Behörden - Behörden.Eine krit.Studie. Frankfurt/M. 1955. 1o2 S. II Ea 114o6

Couwenberg,S.W.:(Die partikulare Satzung.Die Wahrnehmung von öffentlichen Belangen durch partikulare Körperschaften,holländ.:) Het particuliere stelsel.De behartiging van publieke belangen door particuliere lichamen.Cuyk 1953. 161 S. Leiden,Jur.Fak., Diss.vom 17.Dez.1953 V Ea 74oo

Das gesellschaftliche Leben in der modernen Stadt.Auszüge aus dem Protokoll der Tagung des Deutschen Städtetages vom 3.bis 5.Juni 1955 in Dresden. Berlin 1955. 149 S. I Ea 11oo8

Diester,H.: Sozialisierung ohne Skrupel.Eine Untersuchung der rechtlichen Problematik der Sozialisierung in Hessen. Köln 1952. 64 S. II Ea 114o5

Duhmer,W.: Das öffentliche Vermögen in Deutschland und seine Bewirtschaftung. Göttingen 1952. 119 S. II Ea 11471

Entscheidungen der Oberverwaltungsgerichte für das Land Nordrhein-Westfalen in Münster sowie für die Länder Niedersachsen und Schleswig-Holstein in Lüneburg.Hrsg.von Mitgliedern der Gerichte. Bd 1-7. Münster 1951. 7 Bde II Ea 11119

Eschenburg,Th.: Bemerkungen zur deutschen Bürokratie. Mannheim 1955. 36 S. II Ea 11421

Fülle,H.: Die staatlichen Absatzorgane der volkseigenen Industrie und ihre Aufgaben im Direktverkehr in der DDR. Berlin 1955. 156 S. I Ea 1o686

Heinrichsbauer, J.: Die Presseselbstkontrolle.Eine historisch-kritische Untersuchung. München 1954. 127 S. II Ea 11172

Heinrichs,A.: Die Vorplanung für die Flurbereinigung. Stuttgart 1954. 152 S. II Ea 11414

Hensel,K.S.: Einführung in die Theorie der Zentralverwaltungswirtschaft.Eine vergleichende Untersuchung idealtypischer wirtschaftl.Lenkungssysteme an Hand des Problems der Wirtschaftsrechnung. Stuttgart 1954. 234 S. II Ea 11o98

Ipsen,H.P.: Das Verbot des Massengütertransports im Straßenverkehr.Rechtsgutachten zum Regierungsentwurf eines Straßenentlastungsgesetzes der Arbeitsgemeinschaft Güterverkehr im Bundesgebiet e.V. Frankfurt/M. 1954 53 S. II Ea 7771

Müller-Hermann,E.: Wettbewerb und Ordnung.Grundlage der Verkehrspolitik. Darmstadt 1954. 142 S. II Ea 1o712

Peters,H.: Die Verfassungsmässigkeit des Verbotes der Beförderung von Massengütern im Fernverkehr auf der Strasse.Gutachten zum Entwurf e.Straßenentlastungsgesetzes. Bielefeld 1954. 46 S. II Ea 11o37

Stadler,O.: Handbuch der Wohnungsbauförderung und des sozialen Wohnungsbaues. München,Berlin 1955. 556 S. II Ea 1117o

Turegg,K.E.v.: Das europäische Verkehrsrecht.Frankfurt/M.1955. 111 S. II Eb 265

Wenig,H.: Lehrbuch des Zollrechts einschließlich Zolltarifkunde und Wertzollrecht. 2.erw.Aufl. Hamburg 1954. 239 S. II Ea 11232

7.Finanz-,Steuer-und Preisrecht

Atzenroth,K.:Der Lastenausgleich von der Abgabenseite aus gesehen. Frankfurt/M. 1952. 24 S. II Ea 11242

Bregel,E.:Steuern,Anleihen und Inflation im Dienste des Imperialismus.(Aus dem Russ.übers.) Berlin 1955. 369 S. I Ea 1o88o

Djatschenko,W.P.:Der Staatshaushalt.(Aus dem Russ.übers.)2.Aufl. Berlin 1955. 84 S. I Ea 1o963

Eichenberger,H.:Le Role des travaux publics dans la politique conjoncturelle.Neuchatel 195o. 1ol S. Neuchatel,Jur.Fak.,Diss. v.3o.Mai 195o. V Ea 7091

Grundlagen und Möglichkeiten einer organischen Finanz-und Steuerreform.Bonn 1953. 155 S. II Eb 262

Unternehmerforderungen an eine neue Wirtschafts-und Finanzverfassung. Köln 1954. 95 S. II Ea 1o625

Gerhardt,A.:Schlagwortregister zur Rechtsprechung und Literatur des gesamten Steuerrechts 1948-1954. Bonn 1955. 416 S. II Ea 114o8

Hooke,E.:Devisenrecht.Eine systemat.Darstellg mit Literatur-u.Rechtssprechungshinweisen,d.wichtigsten Gesetzestexten u. einer Rechtsprechungsübersicht.Hamburg,Berlin,Bonn 1954. II Ea 1o778

Klempt,W.;H.Meyer: Rechtsmittelverfahren und Rechtsmittelkosten in Steuerstreitsachen.Stuttgart 1955. 164 S. II Ea 11238

Knauthe,E.: Der Finanzplan des volkseigenen Industriebetriebes. Berlin 1955. 129 S. I Ea 11299

Das geltende Lohnsteuerrecht.Die Besteuerung des Arbeitseinkommens d.Lohnempfänger und der freischaffenden Intelligenz.(Stand vom 1.Dez.1954)Zsgest.u.überarb.von e.Autorenkollektiv im Ministerium der Finanzen. Berlin 1954. 183 S. I Ea 9409

Neuhoff,H.:Die Abgaben zum Lastenausgleich.Frankfurt/M.1953. 162 S. II Ea 11329

Neuhoff,H.:Die Leistungen aus dem Lastenausgleich.Frankfurt/M. 1952.[Nebst Erg.] 131 S. II Ea 11331

Panusa,G.;R.Merlino:(Die Steuergesetzgebung über die Löhne untergeordneter Arbeiter,ital.:)La legislazione tributaria sui redditi di lavoro subordinato. Rom 1951. 309 S. V Ea 11433

Paulick,H.:Zur Frage der Zulässigkeit verschärfender Rückwirkungsanordnungen in Steuergesetzen.Rechtsgutachten.Beuel/Rh. 1954. 55 S. II Ea 11167

Šumov,N.:(Kurzfristige Kreditierung der Industriebetriebe,russ.:) Kratkosročnoe kreditovanie promyslennogo predprijatija. Moskau 1954. 126 S. III Ea 10380

Grundlagen für die Bemessung der westeuropäischen Verteidigungsbeiträge. T.1.2. Bonn 1954. T.1: 195 S. T.2: 192 S.II Eb 261

8.Kolchosrecht,Bodenrecht,Landwirtschaftliche Produktionsgenossenschaften

Basjuk,T.L.:Die Organisation der Produktion in den sozialistischen staatlichen Landwirtschaftsbetrieben der UdSSR.(Aus d. Russ.übers.) Berlin 1954. 427 S. I Ea 11026

Bieniarzówna,J.:(Um die Rechte des Bauern,poln.:) O chłopskie prawa.Krakau 1954. 308 S. IV Ea 9755

Bolesławska,H.;S.Marucha:(Rechte und Pflichten der Mitglieder der Produktionsgenossenschaften,poln.:)Prawa i obowiązki członków społdzielni produkcyjnych. Warschau 1955. 54 S.IV Ea 12100

Dembo,L.I.:(Boden-Rechtsverhältnisse in der antagonistischen Klassengesellschaft,russ.:)Zemel'nye pravootnošenija v klassovo-antagonističeskom obščestve. Leningrad 1954. 222 S. III Ea 10064

Zu einigen Fragen der kollektivwirtschaftlichen Produktion.Acht Beiträge.(Aus dem Russ.übers.) Berlin 1955. 183 S. I Ea 10680

Lopatkin,A.N.:(Das Agrarprogramm der Bolschewiki in der ersten Russischen Revolution 1905-1907,russ.:)Agrarnaja programma bol'ševikov v pervoj russkoj revoljucii 1905-1907 godov. Moskau 1955. 38 S. III Ea 12364

Pieck,W.:Junkerland in Bauernhand.Rede zur demokratischen Bodenreform. Berlin 1955. 55 S. I Ea 11266

(Statuten der landwirtschaftlichen Produktions-u.Genossenschaften,poln.:)Statuty społdzielni produkcyjnych. Warschau 1953. 77 S. IV Ea 12374

Schmidt,W.:Das Statut der Landwirtschaftlichen Produktionsgenossenschaft,Ziele und Aufgaben. Berlin 1955.92 S. I Ea 11437

Ulbricht,W.:Die demokratische Bodenreform-ein ruhmreiches Blatt in der deutschen Geschichte. Berlin 1955. 53 S. I Ea 1122o

9.Strafrecht,Strafprozeß

In Sache Benkowitz und andere. Berlin 1955. 28 S. I Ea 11219

Berlin Stuchiner,T.:Crimes and penalties(in all 48 states). New York 1953. 96 S. V Ea 114o1

Dressler,U.;M.Naundorf:Die gemeingefährlichen Verbrechen. Berlin 1955. 72 S. I Ea 1135o

Dressler,U.;M.Naundorf:Verbrechen gegen die Person.Berlin 1955. 2oo S. I Ea 11349

Engisch,K.;F.Hartung:Empfiehlt es sich,die Strafbarkeit der juristischen Person gesetzlich vorzusehen? Tübingen 1954. 87 S. II Ea 11419

Entscheidungen des Deutschen Obergerichts für das Vereinigte Wirtschaftsgebiet.1948-1951.Hrsg.von den Mitgliedern des Gerichts.Detmold 1951. 333 S. II Ea 11o32

Jeschek,H.H:Entwicklung,Aufgaben und Methoden der Strafrechtsvergleichung.Antrittsrede.Tübingen 1955. 44 S. II Ea 11328

Kermann,E.:Verbrechen gegen die Volkswirtschaft.Berlin 1955. 118 S. I Ea 11224

Kern,E.: Strafverfahrensrecht.3.Aufl.München,Berlin 1953.279 S. II Ea 11395

Kimmel,J.: Lehrbuch des österreichischen Strafrechts.16.Aufl. Wien 1954. 589 S. V Ea 11315

Kriminalbiologische Gegenwartsfragen.Vorträge bei der 7.Tagung der Kriminalbiologischen Gesellschaft am 28.u.29.Mai 1953 in München.Hrsg.von E.Mezger und E.Seelig.Stuttgart 1953. 126 S. II Ea 11117

Perlov,I.D.:(Die gerichtliche Untersuchung im sowjetischen Strafprozeß,russ.:) Sudebnoe sledstvie v sovetskom ugolovnom processe. Moskau 1955. 247 S. III Ea 11o21

Russel of Liverpool:Geißel der Menschheit.Kurze Geschichte der Nachkriegsverbrechen.(Aus dem Engl.übers.) Berlin 1955. 369 S. I Ea 1o977

Drei Monate Arbeit der neuen Schöffen.Hrsg.:Ministerium der Justiz der DDR. Berlin 1955. 52 S. I Ea 11434

Schulz,G.:Schöffenfibel.Einf.in d.Strafrecht u.Strafprozeßrecht nebst e.kleinem Schöffenlexikon.Mannheim(um 1954). 1o4 S. II Ea 11425

(Aufgabensammlung zum sowjetischen Strafprozeß, russ.:) Zadačnik dlja praktičeskich zanjatij po sovetskomu ugolovnomu processu. Moskau 1955. 216 S. III Ea 10734

10.Kriminalistik,Gerichtliche Medizin

Ehrhardt,H.: Chemische und psychische Aussagebeeinflussung. Karlsruhe 1954. 38 S. II Ea 11423

Gertig,B.;R.Schädlich:Lehrbuch für Kriminalisten.Die allgemeinen Verfahren und Arbeitsmethoden der Kriminalistik. Berlin 1955. 576 S. I Ea 11227

Kriminalstatistik für die Jahre 1951 und 1952. Wien 1954. 127 S. V Eb 685

Vybornova,A.A.:(Gerichts-chemische Untersuchung von Beweisstücken,russ.:) Sudebno-chimičeskoe issledovanie veščestvennych dokazatel'stv. Moskau 1955. 89 S. III Ea 10938

11.Gerichtsverfassung (Einschl.Staatsanwaltschaft,Notariat, Anwaltschaft)

Bordonov,S.A.:(Das volksdemokratische Gericht zum Schutze des sozialistischen Eigentums,poln.:) Sąd ludówy na strazy własności socjalistycznej.(Aus dem Russ.übers.) Warschau 1954. 31 S. IV Ea 7151

Eckart,F.:(Die Magnaten-Gerichtsbarkeit im 16.und 17.Jahrhundert,ungar.:) A földesuri büntetöbiraskodás a 16-17.században. Budapest 1954. 224 S. IV Ea 11287

12.Freiwillige Gerichtsbarkeit

Keine Eingänge

13.Vertragssystem - Arbitrage

Keine Eingänge

14.Zivilrecht - Zivilprozeß

Chalfina,R.O.:(Das persönliche Eigentumsrecht,russ.:) Pravo ličnoj sobstvennosti graždan SSSR. Moskau 1955. 180 S. III Ea 11294

Entscheidungen des Deutschen Obergerichts für das Vereinigte Wirtschaftsgebiet.1948-1951. Hrsg.von den Mitgliedern des Gerichts. Detmold 1951. 333 S. II Ea 11032

Frei,L.I.: Die heutigen Banksysteme Englands,der USA und Frankreich.(Aus dem Russ.übers.) Berlin 1955. 233 S. I Ea 11150

Greiss,F.: Eigentum und Miteigentum.Möglichkeiten und Grenzen. Bonn 1954. 21 S. II Ea 11120

Jerusalem,F.:Das Recht der Montanunion.Berlin 1954. 206 S. II Ea 11236

Knapp,V.:(Das Eigentum in den Ländern der Volksdemokratie,russ.:) Sobstvennost'v stranach narodnoj demokratii.(Aus dem Tschech. übers.) Moskau 1954. 445 S. III Ea 12351

Lange,H.: BGB.Allg.Teil.Ein Studienbuch.2.,durchges.u.erg.Aufl. München,Berlin 1955. 366 S. II Ea 11397

Lutz,F.A.: Der Konsumentenkredit.Unter Mitwirkg v.F.Bosch u. R.Veit. Köln 1954. 123 S. II Ea 11311

Metzner,M.: Kartelle als Träger der Rationalisierung. Eine Materialsammlung. Berlin 1955. 37 S. II Ea 11418

Mötteli,C.: Die Montanunion - ein Misserfolg? Darmstadt 1954. 80 S. II Ea 11164

Molitor,E.: Schuldrecht. T.1:Allg.Teil. 4.durchges.u.erg.Aufl. München,Berlin 1955. 181 S. II Ea 11396

Pagenstecher,M.: Der Konkurs. Eine Einführung in seine Hauptprobleme mit 55 Lehrbeispielen für junge Juristen,Wirtschaftsprüfer und Kaufleute.3.Aufl. München,Berlin 1955. 161 S. II Ea 11043

Reppy,A.: Introduction to civil procedure. Actions and pleading at common law. Buffalo 1954. 860 S. V Ea 11391

Röpke,W.: Vorgegessen Brot.Kritische Nachlese zur Diskussion über das Borgkaufwesen. Köln,Berlin 1955. 32 S. II Ea 11420

Staudinger,J.: Julius Staudingers Kommentar zum BGB mit Einführungsgesetz und Nebengesetzen. Bd.2: Recht der Schuldverhältnisse. 11.neubearb.Aufl. Berlin 1955.1095 S. II Ea 11132

Tetzner,H.: Recht und Unrecht der Zugabe. Erläuterungen zur Zugabeverordnung. Köln 1953. 92 S. II Ea 11122

(Die einzelnen Arten der Verbindlichkeiten,russ.:) Otdel'nye vidy objazatel'stv. Moskau 1954. 357 S. III Ea 10924

15.Handelsrecht,Wertpapierrecht,Urheber-und Erfinderrecht

World Coyright.An encyclopedia.Ed.by H.L.Pinner. Bd 1. Leiden 1953. 1631 S. V Ea 271

Frascona,J.L.: Business Law.Text,statutes and glossary. Homewood 1954. 961 S. V Ea 11334

Erfindungswesen,Erfinderrecht.Urheberschein. Berlin 1954. 19 S. I Ea 10344

Fragen der Handelspraxis.13 Beiträge. Berlin 1955. 113 S. I Ea 11354

Larcier,L.: Introduction aux fonds de placement.(Investment trusts.) Brüssel 1953. 103 S. V Ea 11432

16. Familienrecht

Beitzke, G.: Familienrecht. Ein Studienbuch. 4. neubearb. Aufl. München, Berlin 1955. 191 S. II Ea 11411

Häring, B.: Soziologie der Familie. Die Familie und ihre Umwelt. Salzburg 1954. 237 S. V Ea 11042

Heer, F.: Ehe in der Welt. Nürnberg 1955. 43 S. II Ea 11248

Tarchow, V.A.: Ehe und Familie in der sozialistischen Gesellschaft und die Grundprinzipien des sozialistischen Familienrechts. (Aus dem Russ. übers.) Jena 1955. 56 S. I Ea 11501

17. Internationales Privatrecht

Braga, S.: Staatsangehörigkeitsprinzip oder Wohnsitzprinzip? Ein Beitrag zur Reform des internationalen Privatrechts. Erlangen 1954. 70 S. II Ea 11100

Deutsches Vermögen im Ausland. Internationale Vereinbarungen und ausländische Gesetzgebung. Bearb. von O. Böhmer, K. Duden, H. Janssen. Hrsg. vom Bundesministerium der Justiz. Bd 1-3. Köln 1951-1953. Bd 1: 480 S. Bd 2: 411 S. Bd 3: 631 S. II Eb 275

Wiebringhaus, H.: Beitrag zur Lage vom Gesetze der funktionellen Verdoppelung innerhalb einer universalistischen Theorie des Internationalprivat- und Völkerrechts. Saarbrücken 1952. 395 S. II Eb 251

18. Arbeitsrecht

Aleksandrov, N.G.: (Das sowjetische Arbeitsrecht, russ.:) Sovetskoe trudovoe pravo. Moskau 1954. 383 S. III Ea 11293

Erste Gesamtdeutsche Arbeiterkonferenz in Leipzig am 10. Sept. 1954. Reden der Kollegen W. Ulbricht, H. Warnke u. O. Buchwitz, sowie die Entschließung der Konferenz. Hrsg. vom Bundesvorstand des FDGB. Berlin 1954. 46 S. I Ea 6629

Unternehmer und Staatspolitik. Bericht über die 13. Arbeitstagung der Arbeitsgemeinschaft selbständiger Unternehmer in Bad Godesberg am 17./18. März 1953. Hrsg. v. d. Arbeitsgemeinschaft selbständiger Unternehmer. Bonn 1953. 59 S. II Ea 11121

(Übersicht über die Rechtsvorschriften aus dem Gebiete des Arbeitsrechts, tschech.:) Přehled právních předpisu z oboru pracovního práva. Prag 1955. 35 S. IV Eb 695

Biskup, G.; P. Osthold; F. Spiegelhalter: Beiträge zur sozialpolitischen Auseinandersetzung der Gegenwart. München 1953. 88 S. II Ea 10400

Blinowski, F.: (Die Arbeitsproduktivität und Wege des Kampfes um ihre Erhöhung, poln.:) Wydajnośc pracy i drogi walki o jej podniesienie. Warschau 1954. 45 S. IV Ea 10379

Deborre,H.: Deutsche Einheitsgewerkschaft und christliches Menschenbild. Trier 1954. 1o S. II Ea 1o555

Groh-Kummerlöw,G.: Was nicht auf dem Lohnzettel steht. Berlin 1955. 69 S. I Ea 1o275

Henneberg,H.O.: Zur Entwicklung und Organisation der Arbeitsbrigaden in der volkseigenen Industrie. Berlin 1955. 264 S. I Ea 11217

Kapustin,E.I.:(Die Entlohnung in der sozialistischen Gesellschaft, russ.:) Zarabotnaja plata v socialističeskom obščestve. Moskau 1955. 38 S. III Ea 78o5

Maucher,H.: 15 Gespräche über Lohn und Leistung. 2.Aufl. Darmstadt 1953. 72 S. II Ea 11o39

Mauvais,L.: Der richtige Weg.(Aus dem Französ.übers.) Berlin 1954. 38 S. I Ea 9732

Mazdorov,V.:(Die Analyse der Arbeitsproduktivität und die Verausgabung des Lohnfonds,russ.:) Analiz proizvoditel'nosti truda i raschodovanija fonda zarabotnoj platy. Moskau 1954. 79 S. III Ea 1o382

Raiser,L.: Rechtsfragen der Mitbestimmung. Köln 1954. 36 S. II Ea 1116o

Stolt,E.: Die Ersatzkassen der Krankenversicherung.Geschichte, Gestalt,Recht. 4.völlig neu bearb.Aufl. Bad Godesberg 1954. 88 S. II Ea 114o9

Vey,J.: Die Sozialgerichtsbarkeit.Grundriss.Nach dem Stand vom 1.Sept.1954. Köln 1954. 1o8 S. II Ea 11313

19.Sammelwerke

United States Court of the Allied High Commission for Germany. Court of Appeals Reports Opinion.Berufungsgerichtsentscheidungen Urteile.Nr 981-1oo5. Vol.13.(Deutsch u.Engl.)(Mehlem 1954.) 288 S. II Ea 11316

Geschichtliche Kräfte und Entscheidungen. Festschrift zum 65. Geburtstag von Otto Becker. Wiesbaden 1954.316 S.II Ea 11133

Právnický ustav ministerstva spravedlnosti.(Informationsliste, tschech.:) Informační listy. Prag 1955.Getr.Pag. IV Eb 663

Schindler,D.: Recht,Staat,Völkergemeinschaft.Ausgew.Schriften u.Fragmente aus dem Nachlass. Zürich 1948. 371 S. V Ea 1o4o4

III. Sonstige Wissensgebiete

Eingänge werden im Bibliographischen Dienst Staat und Recht 1956,Heft 2 veröffentlicht.

IV.Sonstiges

Eingänge werden im Bibliographischen Dienst Staat und Recht 1956,Heft 2 veröffentlicht.

D. ÜBERSETZUNGEN AUS DER ZEITSCHRIFT "SOVETSKOE GOSUDARSTVO I PRAVO" 1)

Aus der Zeitschrift "Sovetskoe gosudarstvo i pravo"(Sowjetstaat und Sowjetrecht), die im Deutschen Institut für Rechtswissenschaft laufend vollständig übersetzt wird, gingen in dieser Berichtszeit folgende Artikel ein:

Jg. 1955, Heft 5 2)

Aleksandrov, N.G. (Alexandrow, N.G.): Die Gesetzlichkeit und die Rechtsordnung in der Sozialistischen Gesellschaft. 32 S.

Vom Gegenstand des sowjetischen Zivilrechts (zu den Ergebnissen der Diskussion.) 28 S.

Jaičkov, K.K. (Jaitschkow, K.K.): Der Transportvertrag und seine Bedeutung bei der Verwirklichung der Pläne der volkswirtschaftlichen Tätigkeit. 23 S.

Rajcher, V.K. (Raicher, W.K.): Die Vertragsstrafen im Kampf um die Vertragsdisziplin. 21 S.

Karinskij, S.S.: Über den Unterschied zwischen der materiellen Verantwortlichkeit nach dem Arbeitsrecht und der zivilrechtlichen Verantwortlichkeit für Schäden. 23 S.

Ignatov, A.N.; V.S. Orlov (Ignatow, A.N.; W.S. Orlow): Die strafrechtliche Verantwortlichkeit für Spekulationen nach dem sowjetischen Strafrecht. 18 S.

Tumanov, V.A. (Tumanow, W.A.) Über einige psychologische Theorien in der neuesten bürgerlichen Jurisprudenz. 20 S.

Birileva, E.A. (Birilewa, E.A.): Die rechtliche Regelung der Lage der Unterhaltsberechtigten von Arbeitern und Angestellten in der UdSSR. 13 S.

Vološanin, V.P.; E.A. Matvienko (Woloshanin, W.P.; E.A. Matwijenko): Über den Gegenstand der Beweisführung im sowjetischen Zivilprozeß. 3 S.

Nesterov, V. (Nesterow, W.): Aus dem Rechtsinstitut A.J. Wyschinskij der Akademie der Wissenschaften der UdSSR. 5 S.

Achmedov, F.M. (Achmedow, F.M.): Wissenschaftliche Tagung der juristischen Fakultät der Staatlichen Aserbaidshanischen S.M. Kirov-Universität. 2 S.

1) Die hier angezeigte Literatur ist gemäß der Benutzungsordnung der Bibliothek des Deutschen Instituts für Rechtswissenschaft für die Mitglieder des Deutschen Instituts für Rechtswissenschaft, Ministerien und zentrale Institutionen der Deutschen Demokratischen Republik und nach der Leihverkehrsordnung der Bibliotheken ausleihfähig.

2) Die Ordnung der Titel erfolgt entsprechend der Anordnung der Beiträge im Originalheft.

Achmerchanov,G.S.;S.M.Korneev(Achmerchanow,G.S.;S.M.Kornejew): Fragen des sowjetischen Zivil-und Familienrechts in den wissenschaftlichen Schriften der juristischen Hochschulen im Jahre 1954. 25 S.

Mendel'son,G.A.; Ju.M.Tkačevskij(Mendelson,G.A.;J.M.Tkatschewski): Über das Buch von T.L.Sergeeva "Der strafrechtliche Schutz des sozialistischen Eigentums in der UdSSR". 11 S.

Jg.1955,Heft 6

Koževnikov,F.I.; A.P.Movčan (Koshewnikow,F.I.; A.P.Mowtschan): Die UN-Charta - die Verkörperung der allgemein anerkannten Prinzipien des Völkerrechts. 12 S.

Venediktov,A.V.(Wenediktow,A.W.): Über die Subjekte der sozialistischen Rechtsverhältnisse. 30 S.

Serebrovskij,V.I. (Serebrowski,W.I.): Das Urheberrecht und die Erbfolge. 27 S.

Mozolin,V.P. (Mosolin,W.P.): Über das zivilprozessuale Rechtsverhältnis. 17 S.

Kim Tschak En:Die Koreanische Volksdemokratische Republik ein Staat der Volksdemokratie. 19 S.

Borisov,S.(Borisow,S.): Gegen die Pläne einer Revision der UN-Charta. 16 S.

Popkov, V.D.(Popkow,W.D.): Zweihundert Jahre juristische Fakultät der mit dem Leninorden und dem Orden des Roten Arbeitsbanners ausgezeichneten Moskauer Staatlichen M.W.Lomonosow-Universität. 13 S.

Dozorcev,V.A. (Dosorzew,W.A.): Im Allunionsinstitut für Rechtswissenschaften. 13 S.

Sapožnikov,I.G.(Saposhnikow,I.G.): Rezension zu dem Buch von B.S.Utevskij und S.A.Wyschinskaja "Die Praxis der Anwendung der Gesetzgebung im Kampf gegen Entwendungen von sozialistischem Eigentum. - Moskau 1954." 16 S.

Min'kovskij,G.M.;I.D.Perlov (Minkowski,G.M.;I.D.Perlow): [Rezension.] Der staatliche Ankläger im sowjetischen Gericht. 14 S.

Genkin,D.M. Rezension zu dem Buch von V.Knapp "Das Eigentum in den Ländern der Volksdemokratie". 19 S.

Diskussion über das Buch von V.Knapp "Das Eigentum in den Ländern der Volksdemokratie" in der gemeinsamen Sitzung des Lehrstuhls für Zivilrecht der Moskauer Staatlichen Universität und des Sektors für Zivilrecht des Rechtsinstituts der Akademie der Wissenschaften der UdSSR. 14 S.

Grabar',V.C.(Grabar,W.C.): Die ungarische Völkerrechtsliteratur. 9 S.

E. 3.(17.) VERZEICHNIS DER IN DER BIBLIOTHEK DES DEUTSCHEN INSTITUTS FÜR RECHTSWISSENSCHAFT VORHANDENEN UNVERÖFFENTLICHTEN ÜBERSETZUNGEN 1)

1. Gesetzesmaterialien und Dokumente (auch Verfassungen und Kurzkommentare)

Das Gesetz über die Bodenreform in der Volksrepublik China. Aufgenommen vom Rat der Zentralen Volksregierung am 28.Juni 195o. Aus: Peoples China vom 16.Juli 195o. 12 S. ÜE 11

Regierungsverordnung vom 27.April 1953 über Art und Frist der Vorlage von Reklamationen bei Lieferungen nicht qualitätsgerechter und unvollständiger Erzeugnisse ... sowie Regierungsverordnung vom 16.Juni 1954 zur Änderung der Regierungsverordnung Nr.37/1953 Gs über Art und Fristen der Vorlage von Reklamationen bei Lieferungen nicht qualitätsgerechter ... Erzeugnisse .. 19 S. Aus: Sbírka zákonu republiky Československé vom 16.Mai 1953, Abschn.22; 11.August 1954, Abschn. 21. ÜT 283

Regierungsverordnung vom 12.Mai 1953 über die Staatliche Arbitrage, sowie Regierungsverordnung vom 21.September 1954 zur Änderung und Ergänzung der Regierungsverordnung über die Staatliche Arbitrage. 15 S. Aus: Sbírka zákonu republiky Československé vom 8.Juni 1953, Abschn.28; 23. Oktober 1954,Nr.45. ÜT 284

Gesetz vom 22.Dezember 1953 über das Urheberrecht der ČSR. Aus:Sbírka zákonu republiky Československé.1953, No.63. ÜT 282

Verlautbarung des staatlichen Planungsamtes vom 4.Febr.1953: Wirtschaftsverträge über die Lieferung und Abnahme von Erzeugnissen.- Verlautbarung des staatl.Planungsamtes vom 5.März 1953 über Wirtschaftsverträge(Lieferverträge und Bauverträge).-Regierungsverordnung vom 28.Mai 1955 über die Wirtschaftsverträge. 41 S. Aus: Amtl.Mitteilungsblatt der tschechoslowakischen Republik vom 8.Febr.1953, Abschn.19 und vom 13.März 1953,Abschn.34; Orig: Sbírka zákonu republiky Československé vom 2o.Juli 1955, Abschn.17. ÜT 285

1) Die hier angezeigte Literatur ist gemäß der Benutzungsordnung der Bibliothek des Deutschen Instituts für Rechtswissenschaft für die Mitglieder des Deutschen Instituts für Rechtswissenschaft, Ministerien und zentrale Institutionen der Deutschen Demokratischen Republik und nach der Leihverkehrsordnung der Bibliotheken ausleihfähig.- Verzeichnis 1 - 4 erschien hektographiert, Verzeichnis 5 - 14 ist enthalten im Mitteilungsblatt des Deutschen Instituts für Rechtswissenschaft 1953,Nr.1 - 1955,Nr. 3

2.Philosophie

Kristostur'jan,N. (Kristosturjan,N.):W.I.Lenin über den konkreten Charakter der Wahrheit. V.I.Lenin o konkretnosti istiny [dt.] 28 S.
Aus: Kommunist.1955/9. ÜR 779

Rozental',M.M. (Rosental,M.M.):W.I.Lenin über die Aufgaben und Prinzipien der Ausarbeitung der dialektischen Logik. V.I.Lenin o zadačach i principach razrabotki dialektičeskoj logiki [dt.] 31 S.
Aus: Voprosy filosofii.1955/2. ÜR 780

3.Theorie des Staates und des Rechts

Bianchi,L.:Die Diskussion über die Bedeutung der technischen Normen in unserer Rechtsordnung. Diskusia o význame technickych noriem v našom právom poriadku [dt.] 5 S.
[Betr. ČSR]
Aus: Pravny obzor.1955/7. ÜS 70

Selektor,M.:Die Gesetzmäßigkeit der gesellschaftlichen Entwicklung und die bewußte Tätigkeit der Menschen im Sozialismus. Zakonomernost' obščestvennogo razvitija i soznatel'naja dejatel'nost' ljudej pri socializme [dt.] 38 S.
Aus: Kommunist. 1955/14. ÜR 784

Szamel,L.:Über die Rechtsquellen und ihre Verkündung. A jogforrásokról és közzétételükröl [dt.] 30 S.
Aus: Jogtudományi közlöny. 1954/11-12. ÜUn 112

4.Geschichte des Staates und des Rechts

Gincberg,L.I. (Ginzberg,L.I.): Über die Verbindung reaktionärer Kreise der USA und Englands mit der Hitler-Partei (1930 - Januar 1933). O svjazjach reakcionnych krugov SŠA i anglii s gitlerovskij partiej (1930 - janvar'1933 g.) [dt.] 16 S.
Aus: Voprosy istorii.1955/2. ÜR 782

Orleanskij,A.I.:Zur Frage der Gesetzmäßigkeiten der gesellschaftlichen Entwicklung. K voprosu o zakonomernostjach obščestvennogo razvitija [dt.] 16 S.
Aus: Voprosy istorii. 1955/10. ÜR 789

5.Geschichte der politischen Anschauungen

Keine Eingänge

6.Völkerrecht und Außenpolitik

Das Übereinkommen zwischen der Regierung des Iran und dem internationalen Konsortium und zwischen der Regierung des Iran und der anglo-amerikanischen Erdölkompanie. Soglašenie meždu Pravitel'stvom Irana i meždunarodnym konzorciumom i meždu Pravitel'stvom Irana i anglo-iranskoj neftjanoj kompaniej [dt.] Zur Frage des iranischen Erdöls. 47 S.
Aus: Meždunarodnaja žizn'.1955/7. ÜR 78?

Krylov,S.(Krylow,S.): Die Wiederaufnahme der Veröffentlichung des Sammelwerkes der von der Sowjetunion abgeschlossenen Verträge. Vozobnovlenie publikacii sbornika dogovorov,zaključennych Sovetskim Sojuzom [dt.] 6 S.
Aus: Meždunarodnaja žizn'.1955/8. ÜR 744

Muszkat,M. :Von Nürnberg zum Pariser Abkommen. Hinter den Kulissen des deutschen Revisionismus. Od Norymbergi do układu paryskiego. Za kulisami niemieckiego rewizjonizmu [dt.] (Rezension des gleichnamigen Buches von Jerzy Sawicki.) 7 S.
Aus: Państwo i prawo. 1955/11. ÜP 328

7.Staatsrecht

Sevrikov,K.; M.Syrcov (Sewrikow,K.;M.Syrzow): W.I.Lenin über die Arbeit des sowjetischen Staatsapparates. V.I.Lenin o rabote sovetskogo gosudarstvennogo apparata [dt.] 3o S.
Aus: Kommunist.1955/12. ÜR 735

Sinicyn,A.M. (Sinizyn,A.M.): Außerordentliche Organe des Sowjetstaates im Großen Vaterländischen Krieg. Črezvyčajnye organy sovetskogo gosudarstva v gody velikoj otečestvennoj vojny [dt.] 21 S.
Aus: Voprosy istorii.1955/2. ÜR 783

Ungarisches Staatsrechtslehrbuch. Magyar alkotmányjog [dt.Teilübers.]
Orig.ersch.:Budapest 1951. 571 S.
T.4. Die Gesellschaftsordnung d.ung.Volksrepublik. 5. Staatsaufbau d.ung.Volksrepublik. 6. Die höchsten Organe d.Staatsmacht in d.ung.Volksrepublik. 7. Die Landesorgane d.staatl.Verwaltung in der ung.Volksrepublik. 8. Die örtl.Organe d.ung.Volksrepublik. 9. Das Gerichtswesen in der ungarischen Volksrepublik. 1o. Die Rechtsanwaltschaft in d.ung.Volksrepublik. 11. Die Rechte und Pflichten der Staatsbürger. 12. Das Wahlsystem. ÜUn 124

8.Verwaltungsrecht

Die Methoden der Leitung der Landwirtschaft müssen verbessert werden. Ulučšat'metody rukovodstva sel'skim chozjajstvom [dt.] 21 S.
Aus: Kommunist. 1955/8. ÜR 77o

Şechter,F.;E.Georgescu: Aus der Tätigkeit eines Kreisstaatsanwaltes auf dem Gebiet der allgemeinen Aufsicht. Din activitatea de supraveghere generala a unui procuror de raion [dt.] 17 S. [Betr. Rumänien]
Aus: Justiţia noua.1955/3. ÜRum 43

9.Finanzrecht

Efrus, M:Die Finanzplanung in den wissenschaftlichen Forschungsinstitutionen muß vereinfacht werden. Uprostit'finansovoe planirovanie v naučno-issledovatel'skich učreždeniach [dt.] 5 S.
Aus: Finansy SSSR. 1955/6. ÜR 776

lo.Kolchosrecht,Bodenrecht,Landwirtschaftliche Produktionsgenossenschaften

Košta,L.: Zu Fragen der Rechtsformen der staatlichen Leitung der landwirtschaftlichen Einheitsgenossenschaften. K otázkám právnych foriem štátného vedenia JRD [dt.] 26 S.
Aus: Právny obzor. 1955/4. ÜS 68

Medve,Z.: Die Fragen der Rechtswissenschaft im Spiegel der mit der landwirtschaftlichen Produktion in Verbindung stehenden Beschlüsse. A jogtudomány kérdései a mezögazdasági termelés fejlesztésével kapcsolatos határozatok tükrében [dt.] 53 S.
[Betr. Ungarn]
Aus: Jogtudomány i közlöny.1954/11-12. ÜUn lo8

Nagy,L.: Diskussion über die mit der Hebung der landwirtschaftlichen Produktion in Zusammenhang stehenden Rechtsfragen. A mezögazdasági termelés fejlesztésével kapcsolatos jogi feladatok megvitatása [dt.] 15 S.
[Betr. Ungarn]
Aus: Jogtudomány i közlöny.1955/5. ÜUn lo2

Tadžer,V.E.(W.E.Tadsher): Die Vorschußerteilung an die Genossenschaftsmitglieder der landwirtschaftlichen Arbeitsgenossenschaften muß unter strenger Beachtung des Musterstatus vor sich gehen. Avansiraneto na členovete na TKZS trjabva da stava pri strogo spazvane na primernija ustav [dt.] 27 S.
[Betr.Bulgarien]
Aus: Socialisticesko pravo. 1954/11. ÜB 118

11.Strafrecht,Strafprozeß

Cimpeanu,T.: Die Methode der Anwendung mildernder Umstände für die richtige individuelle Festsetzung des Strafmaßes. Modalitatea de aplicare a circumstanţelor uşuratoare pentru o justa individualizare a pedepsei [dt.] 8 S.
[Betr.Rumänien]
Aus: Justiţia noua. 1955/3. ÜRum 45

Pawela,S.: Einige Bemerkungen zur Frage des Rowdytums. Kilka uwag w sprawie huligaństwa [dt.] lo S.
Aus: Nowe prawo. 1955/7-8. ÜP 323

Piontkovskij, A.A.(Piontkowski,A.A.): Die Strafrechtstheorie von Feuerbach. Ugolovno-pravovaja teorija A.Fejerbacha [dt.] lo4 S.
Orig.ersch.: Moskau 194o. ÜR 778

Ružek,A.: Die Überprüfung der Anklage durch das Gericht. Přezkoumávání žaloby soudem [dt.] 26 S.
[Betr.ČSR u.UdSSR]
Aus: Socialistická zákonnost. 1955/2-3. ÜT 292

Sawicki,J.: Von der "neuen sozialen Verteidigung". O "nowej ochranie społecznej" [dt.] 32 S.
Aus: Państwo i prawo. 1955/1. ÜP 32o

Schultheisz, E.:Die Abgrenzung der Beihilfe und der Mittäterschaft. A bünsegély és a társtettesség elhatárolása [dt.] 19 S.
Aus: Jogtudományi közlöny. 1954/11-12. ÜUn 11o

Diskussion über den Entwurf zum Allgemeinen Teil des Strafgesetzbuches.Dyskusja nad projektem części ogólnej kodeksu karnego [dt.] 5o S.
[Betr. Polen]
Aus: Państwo i prawo. 1955/6. ÜP 31o

Der sowjetische Strafprozeß.Sovetskij ugolovnyj process [dt.]
Kap.1. Wesen und Begriff des sowjetischen Strafprozesses. 51 S.
Orig.ersch.: Moskau 1953. ÜR 786

Vida,F.:Die Bekämpfung der Verbrechen auf dem Gebiete der Wirtschaft in der neuen Etappe unserer Entwicklung. A gazdasági büntettek üldözése fejlödésünk új szakaszában [dt.] Diskussionsartikel. 16 S.
[Betr.Ungarn]
Aus: Jogtudomanyi közlöny. 1955/2. ÜUn 125

12.Kriminalistik,Gerichtliche Medizin

Keine Eingänge

13.Gerichtsverfassung,Anwaltschaft,Staatliches Notariat

Über das Mißverhältnis des Einkommens der Anwälte. W sprawie dysproporcji zarobków adwokackich [dt.] 5 S.
[Betr.Polen]
Aus: Nowe prawo.1955/7-8. ÜP 321

Hochberg,L.; K.Czajkowski : Die Erweiterung der Zuständigkeit der ordentlichen Gerichte. Rozszerzenie właściwości sądów powszechnych [dt.] 44 S.
[Betr.Polen]
Aus: Państwo i prawo. 1955/6. ÜP 318

Kretowicz,K.:Probleme der vergesellschafteten Rechtsanwaltschaft. Problemy uspołecznionej adwokatury [dt.] 22 S.
Aus: Nowe prawo. 1955/7-8. ÜP 326

Popescu, Dumitru:Der Zuständigkeitsbereich der Militärgerichte. Competința instanțelor militare [dt.] 23 S.
[Betr. Rumänien]
Aus: Justiția noua. 1955/2. ÜRum 37

Rozwadowski: Über die Erweiterung der Befugnisse des Leiters des Anwaltskollegiums. O rozszerzenie uprawnień kierownika zespołu adwokackiego [dt.] 4 S.
[Betr.Polen]
Aus: Nowe prawo.1955/7-8. ÜP 312

Rubeš,J.: Das Gesetz Nr.52/1954 Slg.über die Erweiterung des Wirkungsbereichs des staatlichen Notariats. Zákon č.52/1954 Sb., kterým se rozšiřuje pusobnost státního notářství [dt.] 24 S.
[Betr. ČSR]
Aus: Socialistická zákonnost.1955/6. ÜT 285

14. Vertragssystem, Arbitrage

Huszár, I.: Grundlegende Fragen der Institutionen der Vertragsstrafe in unserem sozialistischen Schuldrecht. Szocialista kötelmi jogunk kötbérintézményének fontosabb kérdései [dt.] 32 S.
Aus: Jogtudományi közlöny. 1955/4. ÜUn 101

Slezák, J.: Das Recht der Arbitrageorgane, ein Rechtsverhältnis zu gründen, zu ändern oder aufzuheben. Právo arbitrážních orgánu založit, změnit nebo zrušit právní poměr [dt.] 68 S.
[Betr. ČSR]
Aus: Socialistická zákonnost. 1955/1.2-3. ÜT 280

Tončev, I.; P. Bojadžiev (Tontschew, I.; P. Bojadshijew): Die Funktionen der Konventionalstrafe bei Verpflichtungen zwischen den staatlichen Unternehmen, die mit wirtschaftlicher Rechnungsführung arbeiten. Funkcii na neustojkata pri zadulženija meždu duržavni predprijatija na stopanski razčet [dt.] 14 S.
[Betr. Bulgarien]
Aus: Socialističesko pravo. 1954/12. ÜB 114

15. Zivilrecht, Zivilprozess, Handelsrecht

Andres, B.: Die Regelung der Mängelhaftung nach dem Zivilgesetzbuch und nach der Regierungsverordnung Nr. 37/1953. Úprava odpovědnosti za vady podle občanského zákoníka a podle vládního nařízení č. 37/1953 Sb. [dt.] (Zur Diskussion gestellt.) 39 S.
Aus: Socialistická zákonnost. 1955/6. ÜT 290

Bičovský, J.: Der Kampf gegen die Verzögerungen des Verfahrens als ernste Verletzungen der sozialistischen Gesetzlichkeit. Boj proti průtahům v řízení jako závažnému porušování socialistické zákonnosti [dt.] 21 S.
Aus: Socialistická zákonnost. 1955/5. ÜT 294

Christoforov, V.G. (Christoforow, W.G.): Über einige Fragen aus dem Gebiet der verminderten Verantwortlichkeit berichtspflichtiger Personen. Vurchu njakoi vuprosi iz oblastta na namalenata otgovornost na otčetnicite [dt.] 27 S.
Aus: Socialističesko pravo. 1955/1. ÜB 116

Csanádi, G. Einige zivilrechtliche Probleme der staatlichen Organe im ungarischen Recht. Az állami szervek néhány polgári jogi problémája a magyar jogban [dt.] 29 S.
Aus: Jogtudományi közlöny. 1955/9-19. ÜUn 114

Farkas, J.: Die Beweistätigkeit des Prozeßgerichtes im sowjetischen Zivilverfahren und deren Konklusionen. A bíróság bizonyítási tevékenysége a szovjet kereseti eljárásban és annak tanulságai [dt.] 30 S.
Aus: Jogtudományi közlöny. 1954/11-12. ÜUn 115

Herer, W.: Einige Bemerkungen zum Prozeß der Konzentrierung der Produktion in der kapitalistischen Landwirtschaft. Kilka uwag o procesie koncentracji produkcji w rolnictwie kapitalistycznym [dt.] 8 S.
Aus: Der Wirtschaftler. 1954/3. ÜP 325

Lipiński,K.: Über Fragen der Urteilsvollstreckung im Zivilprozeß. Z zagadnień wykonania orzeczeń w sprawach cywilnych [dt.]
26 S.
[Betr.Polen]
Aus: Nowe prawo. 1955/9. ÜP 332

Móra,M.: Zur theoretischen Grundlage der zivilprozessualen Rechte und Verpflichtungen. A polgári perbeli jogok és kötelességek elméleti alapjához [dt.] 22 S.
Aus: Jogtudományi közlöny. 1954/11-12. ÜUn 117

Moskvin, V.(Moskwin,W.): Die Planung des Warenumsatzes im Einzelhandel. Planirovanie rozničnogo tovarooborota [dt.] 9 S.
[Betr. UdSSR]
Aus: Planovoe chozjajstvo. 1955/1. ÜR 781

Révai,T.: [Rezension.] Novickij: Die Solidarität der Interessen im sowjetischen Zivilrecht. Novickij: Az érdekek közössége a szovjet polgári jogban [dt.] 7 S.
Aus: Jogtudományi közlöny. 1954/11-12. ÜUn 107

Sarnowski,E.: Die Rolle und die Aufgaben der Justitiare in den Betrieben der vergesellschafteten Wirtschaft. Rola i zadania radców prawnych w jednostkach gospodarki uspołecznionej [dt.]
13 S.
[Betr.Polen]
Aus: Pánstwo i prawo. 1955/7-8. ÜP 308

Sárosi,D.: Zu den Rechtsnormen über die Durchführung von Investitionen. A beruházások megvalósítását célzó szerzödésekröl szóló egyes jogszabályokhoz [dt.] 28 S.
[Betr.Ungarn]
Aus: Jogthdományi közlöny. 1954/11-12. ÜUn 106

16.Familienrecht

Keine Eingänge

17.Internationales Privatrecht

Keine Eingänge

18.Arbeitsrecht

Gersdorf,M.: Die Hauptprobleme des genossenschaftlichen Arbeitsverhältnisses. Zasadnicze problemy spółdzielczego stosunku pracy [dt.] 41 S.
[Betr.Polen]
Aus: Przegląd zagadnień socjalnych. 1954/10. ÜP 330

Kucsera,G.: Die Verteilung der Löhne bei Brigaden- und Gruppenarbeiten. A brigád- és csoport-munkák keresetfelosztása [dt.]
18 S.
[Betr.Ungarn]
Aus: Bér és norma. 1955/4. ÜUn 104

19.Sonstiges

Cristescu,A.: Die dritte wissenschaftliche Tagung der Universität "C.I.Parhon",Abteilung Rechtswissenschaften. Cea de a treia sesiune ştiinţifica a universitaţii "C.I.Parhon",secţia ştiinţe juridice [dt.] 11 S.
Aus: Justiţia noua.1955/3. ÜRum 41

Die Ausweitung der Beziehungen polnischer Rechtswissenschaftler zum Ausland. Rozszerzenie kantaktów polskich naukowców-prawników z zagranica [dt.] 5 S.
Aus: Państwo i prawo. 1955/9. ÜP 314

Kuz'mičev, N.(Kusmitschew,N.): Über die Arbeit mit den Autoren und den Methoden der Redaktion. O rabote s avtorami i priemach redaktirovanija [dt.] 9 S.
Aus: Kommunist. 1955/11. ÜR 774

Luby,Š.: Die erste wissenschaftliche Konferenz der juristischen Fakultät der Comenius-Universität. Prvá vedecká konferencia Právnickej fakulty Univerzity Komenského [dt.] 5 S.
Aus: Právny obzor.1955/7. ÜS 72

Nefedov,G.(Nefedow,G.): Über die Zeitschrift "Mitteilungsblatt der Staatlichen Kontrolle". O žurnale "Vestnik Gosudarstvennogo kontrolja" [dt.] lo S.
Aus: Kommunist. 1955/13. ÜR 772

Niciu,M.: Wissenschaftliche Tagungen der Universitäten "V. Babes"und "J. Bolyai",Cluj, Abteilung Rechtswissenschaften. Sesiunea ştiinţifica a universitaţilor "V.Babeş" şi"I.Bolyai" din Cluj, secţia ştiinţe juridice [dt.] 5 S.
Aus: Justiţia noua. 1955/3. ÜRum 39

Wierzbowski,E.: Rezension über die Zeitschrift "Neue Justiz", Hefte aus dem l.Quartal 1955. "Neue Justiz", zeszyty wydane w l.kwartale 1955 r. [dt.] 9 S.
Aus: Nowe prawo. 1955/7-8. ÜP 316

Verantwortlicher Redakteur: Dr. Bellmann, Potsdam-Babelsberg II, Karl-Marx-Straße 2. Die Zeitschrift erscheint zweimonatlich. Der Bezugspreis beträgt pro Heft DM 3,70 zuzüglich Porto- und Versandkosten. Verlag: Akademie-Verlag GmbH., Berlin W 8, Mohrenstraße 39, Fernruf: 20 03 86, Postscheckkonto: Berlin 350 21
Satz und Druck: (100) Akademie-Verlag GmbH., Berlin W 8 202/100/467/56.

In Vorbereitung:

Dr. Herbert Petschow

Neubabylonisches Pfandrecht

(Abhandl. d. Sächs. Akad. d. Wiss. z. Leipzig, phil.-hist. Klasse, Bd. 48, Heft 1)

Von Rechtshistorikern ist erst in jüngster Zeit erneut die Wichtigkeit der Erforschung des babylonischen Rechts, insbesondere auch seiner Spätzeit, für die Rechtsgeschichte der Antike und die Rechtsvergleichung betont worden. Der Verfasser gibt mit dieser Arbeit einen Beitrag zu den für den Rechtshistoriker aus paläographischen und philologischen Gründen schwierigen Forschungen. An Hand des umfangreichen und schwer übersehbaren keilschriftlichen Urkundenmaterials wird das Problem der Personal-, Vermögens- und Pfandhaftung im spätbabylonischen Recht (7. bis 2. Jh. v. d. Ztr.) untersucht und daneben in mehreren Exkursen eine Anzahl weiterer Fragen des Schuld-, Sachen-, Erb- und Sklavenrechts behandelt.

1956. Etwa 210 Seiten. 4°. etwa DM 20,—

Prof. Dr. Eduard Erkes

Geschichte Chinas von den Anfängen bis zum Eindringen des ausländischen Kapitals

Der Autor behandelt die Geschichte der einzelnen Dynastien unter besonderer Berücksichtigung der Wirtschafts- und Kulturgeschichte und verfolgt die Entwicklung von der ältesten Zeit bis in die Ch'ing-Dynastie. Er schließt mit der Besprechung der Zeit des 1. Opiumkrieges. Das Werk baut auf Quellenstudien des Verfassers und den neuesten Ergebnissen der paläographischen und archäologischen Forschung auf.

1956. Etwa 160 Seiten. 18 Lichtdrucktafeln. 2 Ausschlagtafeln.
1 Karte. gr. 8°. Ganzl. etwa DM 15,—

Bestellungen durch eine Buchhandlung erbeten

AKADEMIE-VERLAG · GMBH · BERLIN

FSC
www.fsc.org
MIX
Papier | Fördert gute Waldnutzung
FSC® C083411

Kolibri 360 GmbH
Ferdinand-Jühlke-Straße 7
99095 Erfurt, Deutschland
produktsicherheit@kolibri360.de